日本全国津々うりゃうりゃ 仕事逃亡編

宮田珠己

幻冬舎文庫

日本全国津々うりゃうりゃ　仕事逃亡編　目次

オホーツク

和歌山

栃尾又

立山黒部アルペンルート

本州横断

宮崎

高知・徳島

都会

ウニ

写真・イラスト／宮田珠己

オホーツク

1 旅はしたいが、ワカサギはべつに釣りたくない

旅が好きで、旅ばかりして過ごしているうちにおっさんになり、そろそろ飽きるかと思ったら、まだ好きである。好きどころか、旅をしているときだけが生きてる気分であり、そうでないときは死んだ魚の目をしていると言われる。

私は毎日死んだ魚の目で仕事をし、ごはんを食べ、風呂に入り、テレビで旅番組を見ては、いいなあ、うらやましいなあ、と思っているわけだった。

このまま仕事にかまけてどこにも出かけないでいると、だんだん目つきだけでなく総合的に死んでしまう可能性がある。そうなるまえに、ときどき逃亡しなければならない。

年の初めの頃だったか、仕事に追われてうんざりし、流氷を見てみたい、見るだけでなく、できれば乗っかりたい、と思ったのだった。

最近はそういうツアーがあるそうで、インターネットで見て流氷に乗れると知ったときは

驚いた。流氷に乗っていいのは、白熊とペンギンだけだと思っていた。写真を見ると、乗ってる人はだいたいドライスーツを着こんで、その姿はややペンギンに似ている。一応ペンギンに見えなくもないということで、流氷に了解をもらったのかもしれない。

しかし真面目に考えてみれば、白熊など人間よりも相当体重があるわけで、それで大丈夫なんだから、人間が乗ってもオッケーなはずだ。

私も流氷に乗りたい。

あれに乗るのはどんな感じなんだろう。

つるつる滑るのだろうか、でもって海に落ちたり、落ちたついでに流氷の間に挟まれたりするのだろうか。その前に流氷ごと転覆したりしないのか。落ちたら落ちたでクリオネが見られたりするのだろうか。危険なのか面白いのか判断できかねるが、とにかく、いま流氷に乗らないと、人間いつ死んでしまうかわからない。流氷に乗らずに死ぬのは惜しいので、ここはテレメンテイコ女史に相談しようと考えた。

ここ何年か、編集者のテレメンテイコ女史と日本国内をあちこち旅している。流氷について原稿を書くといえば、女史は、私を流氷に乗せてくれるかもしれない。

テレメンテイコ女史は、非常に有能な旅のコーディネーターだ。いざ出かけるとなればインターネットを駆使して旅の情報を収集し、毎度的確な判断で段取ってくれるうえ、原稿の取立てが厳しく、〆切をどうしても守らせようとする往生際の悪さは、私への思いやりに欠け、血も涙もない。

あ、いやいや、そうではなくて、テレメンテイコ女史は大変仕事のできる女性であるから、私の流氷に乗りたいという希望を叶《かな》えてくれる可能性があった。

仕事から逃亡しようというのに、仕事増やしてどうする、という問題はあるものの、流氷はだいたい3月中旬ぐらいまでしかやってないとのことであり、ぐずぐずしていると営業期間を過ぎてしまう。早く見に行かないと、業者が流氷をたたんでみんな持って帰ってしまうだろう。

急いでテレメンテイコ女史に打診することにして、その場合、本当にちゃんと原稿を書くのか、という切り返しが予想された。もちろんそのつもりだから言っているわけで、いつも人を疑わずにおれない彼女の猜疑心の深さには一度カウンセリングを受けることを勧めたいぐらいだけれども、ここで信用されないと流氷に乗れなくなるかもしれないから、そう聞かれた場合、書く確率は80％近い、と高い信頼性を保証する覚悟だ。

そうして、

「流氷に乗ってみたいです」

とテレメンテイコ女史に告げたところ、女史は怪訝《けげん》な表情で、

「流氷に乗る？　またまたあ〜」

と、いかにも宮田が言いそうな冗談だという口ぶりである。

テレメンテイコ女史も知らないのだ。流氷には白熊とペンギン以外も乗れるということを。

「乗れるんです。ネットで見ました」

私がそう主張すると、やがて自分でも調べて納得した女史は、

「わかりました。では北海道に行きましょう。連載は4月スタートでよろしいですね」

と言った。

「あ、はい」

勢いに飲まれ、思わず答えてしまった。

4月？　予想を上回るすごい切り返しだ。確率80％とか言ってる場合ではなかった。

テレメンテイコ女史は、満足げにうなずきつつ、ただし、そういう危険な行為を自分もやるかどうかは保留、というか宮田ひとりでやれ、という冷ややかな表情は崩さないまま、

「せっかくオホーツク海まで行くのなら、他にも何かしたほうがよくないですか」

と編集者らしい提案をした。

そこで、またネットで調べて、

「紋別《もんべつ》の海中展望塔にも行きたいし、スノーモービルも乗り回してみたいです」

と私は答えた。

たしかに冬の北海道に行くことなど滅多にないわけだから、冬にしかできないことをやりたい。それもカニを食うとかそんな日常生活の延長みたいな行為ではなく、できれば非日常世界にどっぷり浸かりたい。紋別の海中展望塔は、窓から流氷の下が見られるらしいし、スノーモービルで雪原を走るのは、ちょっと冒険の匂いがする。そうやって普段なら決してしない体験にトライしてこそ旅だ。

そういうことで打ち合わせも終わり、数日後、羽田空港に集合して、テレメンテイコ女史の組んだ旅のスケジュールを見せてもらったところ、なぜか流氷ウォーキングツアーのほかは、観光砕氷船《さいひょうせん》おーろら号に乗って、網走《あばしり》湖でワカサギ釣りをやる予定になっていた。

「あれ、紋別は？　スノーモービルはどうなったんです？」

「紋別の海中展望塔は、日程上、交通機関がうまく繋がらなくてダメでした。あとスノーモービルはシーズンがちょうど終わったところで、やってないみたいです」

「そうですか……」

そういうことなら仕方がないが、ワカサギ釣りとは何のことであろうか。全然興味ないぞ。

「なんでワカサギ釣りなんですか」

「宮田さん、釣りはなさらないんでしたよね。どうせ旅をするなら、そういう普段やらないことをやるのが面白いじゃないですか」

どこかで聞いたようなセリフだが、どこだったか思い出せない。

それより、たしかテレメンテイコ女史は釣りが趣味だったはず。なんか怪しい匂いがする。

女満別《めまんべつ》空港に降り立つと、われわれ専用の迎えの車が来ていた。

このへんがテレメンテイコ女史の手回しのいいところで、こういうダンドリを任せたら最強である。おかげで私は安心して流氷に乗りに行ける。

「意外に、雪少ないんですね」

私は、冬の北海道というのは、そこらじゅう雪が積もって壁のようになってるのかと思っていた。

「いや、ついこないだまでここ2メートル積もってました」

スポーツインストラクターふうの若い運転手が言った。

「昔はそんなに積もらなかったんですが、温暖化でだんだん積もるようになって……」

「温暖化すると雪積もるんですか？」

「ですね。寒いほうが雪降らないんですよ。低気圧が発達しないから」

「なるほど」

やがて左手に白く凍った湖が見えてきた。網走湖だ。

と、車はその湖畔で停まって、われわれは降ろされた。眼の前の白い氷原にポツポツとテントが立っている。

「あれがワカサギ釣りのテントです」

って、いきなりワカサギ釣りだ。

こらこらテレメンテイコ、流氷はどうなったんだ。まず流氷だろう。天気がいいうちに流氷を見に行きたいぞ。この日の空は快晴で雪がまぶしいぐらいだった。

「流氷に乗るのはウトロっていう場所なんですけど、結構遠いんです。このまままっすぐ向かっても接続がスムーズにいかなくて、どっちみち今日は流氷には乗れないので、ここで時間潰していきましょう」

スケジュール上どうしてもそうなるのだから、私の意向など聞いてもしょうがない、という口ぶりだ。

そして運転手は、ここに来て突如本物の釣りガイドに豹変し、もろもろの道具を出してきてソリに積み込むと、そのままそれを引きながら湖の中へ歩き出した。運転手もグルだったのだ。というか、われわれ専用の車じゃなくて、ワカサギ釣りの送迎車だったらしい。

「ワカサギ釣りなんて、北海道じゃなくてもできるんじゃ……」

「そうですね。前に諏訪《すわ》湖でやったことがあります。船の中に穴が開いててそこから釣るんですよ」

テレメンテイコはしゃあしゃあと言ったが、私が聞きたいのはそういうことではない。

運転手あらため正体を現した釣りガイドは、ダ・ヴィンチが発明した飛行船の羽のような、らせん状のドリルを取り出し、私を呼びつけると、

「これで、このへんに穴を開けてください」

と言った。

「結構大変ですが、がんばって」

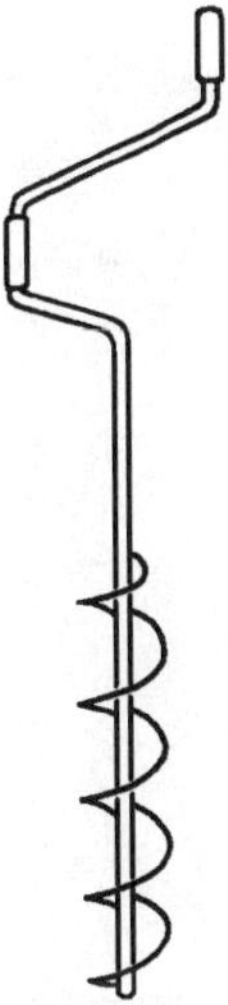

え、私が？

まるで納得いかないのであるが、ここでドリルを手にとらないと、まるで穴開けに臆したような〝男のくせに感〟が甚《はなは》だしいので、仕方なく言われるままに手にして、氷の表面に当ててぐるぐる回した。

できれば片手で固定して、もう一方の手でカキ氷器みたいに回したいんだけれども、ドリルの仕組みはそうなっておらず、三輪車のペダルを水平にしたのと同じで左右両手とも回転させなければならない。つまり左手を奥に、右手を手前に、という動作を同時にやるから、かっふんかっふん、というリズムになって力がこめにくい。あっという間にいやになった。

なぜ私がテレメンテイコ女史の趣味のために、かっふんかっふんしないといけないのか。女史が自分でやればいいのではないか。

「氷何センチぐらいあるんですか」

聞いてみると、

「70センチ」

とのこと。

厚いよ。テキトーに30センチぐらいの凹みでワカサギ釣ったらどうか。

それでも、かっふんかっふん回していると、やがて氷が湿気を含んでシャーベット状になり、突然ガボッと底が抜けた。

それを見てガイドはニタッと笑顔を浮かべたかと思うと、隣にすばやくもうひとつ穴を開け、だったら最初からふたつ開けてほしいものだが、穴のそばに折りたたみ椅子をふたつ置いて、釣竿まで手渡してくれ、ときどき上下に動かすようにとアドバイスをして、今度はテレメンテイコ女史と私をすっぽり包むようにテントを立てはじめた。至れり尽くせりとはこのことである。最初からそういうツアーなのだ。

そうして事態は着々とワカサギに向かって進行し、しょうがないから私もときどき釣竿を上下に動かして、どうでもいいワカサギ釣りに参加した。

釣糸の先から、話が違う感がひしひしと伝わってくる。

唯一面白いことがあるとすれば、自分の下70センチは湖だということだろうか。本来であればこんな場所に座っていることはできないという、その非日常感をしょうがないから噛み締めた。

ガイドの話によれば、1月の氷は5センチの厚みがあれば戦車でも乗れるとのこと。なんで戦車を乗せなければならないのかは謎だが、逆に春の氷は、30センチあっても乗らないほうがいいそうだ。もうすぐ春だけど、今日は70センチあるから大丈夫だろう。

というか、だったらスノーモービルだって乗れるのではないか。本当にシーズン終わったのか。

テレメンテイコ女史は信用できないので釣りガイドに聞いてみようと思ったら、いきなり引きがきて、あげてみるとワカサギが釣れていた。

おお、簡単すぎる。こんな簡単でいいのか。

テレメンテイコ女史もすぐに釣れだして、あれよあれよという間に、ふたりで20匹以上釣ってしまった。

1時間もしないで20匹はまずまずの釣果だそうだが、釣りの腕前もへったくれもなく、ただ上下に動かしていただけだから、達成感とかそういうものは全然ない。まるで自動販売機のように釣れたのだ。

「面白いんですか、これ」

もうちょっと苦労して、やっと釣ったほうが感動があったのではないか。

ガイドはコンロに火をつけ、そのままワカサギを揚げて、塩をふってくれた。食ってみるとこれがうまくて、20匹はあっという間になくなり、その後、椅子やテントはこっちで撤収しておきますからと言われ、網走の港まで車で送ってもらって、ワカサギ釣りは終了となった。

あまりの展開の速さに気持ちの整理もつかない。

面白かったのかどうなのか。

テレメンテイコ女史を見ると、大満足といった表情で、ビールがあればもっとよかった、とかなんとか言っていた。

2 砕氷船の仕掛けについて

テレメンテイコ女史の陰謀によりワカサギを釣るはめになり、揚げてもらって食ったらうまかった。

何の興味関心もなく食ったワカサギであるが、旅に出たことで、仕事場で原稿を書いていたときにはすぐれなかった体調も、よくなってきた気がする。やはり人間、仕事はほどほどにして旅をしないといけない。もちろん、この旅もいずれ仕事として自分にはねかえってくるわけだけども、そのへんは今は考えない。せっかく死んだ魚の目が回復しつつあるのだ。このまま流氷に向けて突っ走りたい。

われわれがワカサギ釣りガイドの車を降りたのは、網走の港にある「流氷街道網走」という道の駅で、ここから観光砕氷船おーろら号が出航している。

ワカサギ釣りはまったく興味なかったが、砕氷船は面白そうだ。

ちょうど30分後に出航とのことで、そのまま並んで乗ることにした。

網走の町にはそんなに人の姿はなかったのに、この砕氷船乗り場は、ものすごい数の観光客でごった返していた。ほとんどが中国人のようだ。

乗り込んでデッキにあがると、港の防波堤の向こうに、流氷が白く浮かんで海を埋め尽くしているのが見えた。初めて見る流氷だ。

流氷は港の沖数百メートルのところまで押し寄せていて、そのために波やうねりが港まで届かず、港内の海面はまるで湖水のようだった。そしてその水面もうっすらと凍っている。

船が動き出すと、船の周りの薄い氷が粉砕され、割れた氷の破片が海の上を滑っていったり、さらに、大きなガラス板のような海面が、まるごと船に押しのけられて防波堤に当たって散り散りに砕けたりした。面白い。人間、小さな水溜まりでも氷が張っていればわざわざ割りたいぐらいだから、海の氷を割るのは一層エクスタシーがある。できれば自分で船を操縦して自由自在に割りたいほどだ。

港内に砕氷船がもう1隻停泊していたので、どんな仕掛けがあるのか観察した。

砕氷船というからには、船の先端に何か秘密の仕掛けがあると思ったのである。はじめはたぶんこんな感じじゃな

いかと思っていた（前頁下）。

かつて新潟で見た除雪車のイメージである。しかしパッと見た感じ、そんな大掛かりな仕掛けはないようだ。とすれば、こんな感じなのか（上）。

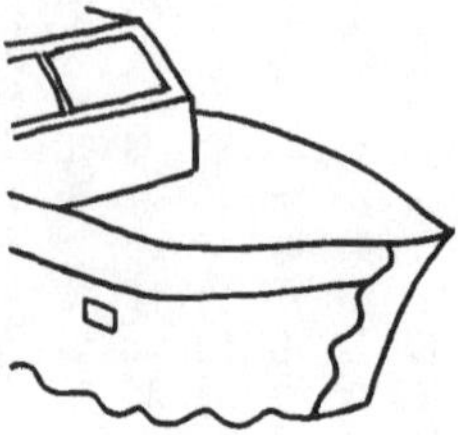

ギンギンにエッジが利いていて、触《ふ》れるものすべてを真っぷたつにせずにはおれないという。
しかし、実際は全然違ってこんな感じだった（下）。

なんじゃ、こりゃ。こんなずんぐりむっくりした形でどうやって流氷砕くのか。ひょっとして水中に何かものすごい仕掛けがあるのではないか。
そう思ってパンフレットをよく見ると、全体図はこんな感じだった（次頁）。
何もないぞ。いいのかそれで。何ひとつ流氷に立ち向かおうという気概が感じられない。こんなんで流氷割れるのか。

聞けば数年前に、港を出てすぐのところで流氷に囲まれ立ち往生し、脱出するのに夜までかかったことがあるという。全然ダメではないか。
そしてそんな砕氷船おーろら号は、今まさに沖に見える一面の流氷に向かって、着々と針路を取っているのだった。
このあたりはまだ透き通った薄い氷だから、こともなく割って進めるが、先に見える流氷原は、厚さ数十センチはありそうな本格的な真っ白い氷だ。この船で本当に大丈夫なのか。
沖合い数百メートルほどまで進むと、いよいよ氷は厚みを増し、密度も濃くなってきた。ある程度までは、厚い氷の塊がたくさん浮いているという感じで、そのすき間に船体を入れれば自然に左右にぷかぷか分かれて道が開けたが、やがて氷は大きな一枚板のようなものになってきて、もう相当な厚みがありそうである。下手すると閉じ込められるんじゃないか、と思うものの、おーろら号は案外平気でメキメキ進んでいく。

私はデッキから真下の海面を眺めた。船体の両脇もびっしりと流氷である。このあたりの流氷はもう人間が乗っても大丈夫そうなぐらいだった。

大きな板が、船の周囲から細かく砕け、ああ、砕けている、と思う。肝心の船の先端でどうやって砕いているのかデッキからは見えないのだが、両脇では、とくに豪勢な仕掛けもなく、船が進むとただ氷が砕けていった。

その様子をじっと見ているうちに、私はみるみる飽きてきた。

何か変わった感じがするかと思って船室内に引っ込んでみたが、乗り心地に特別なことはなく、普通の遊覧船と同じだった。氷の割れるときの振動でガッシンガッシン響くということもない。

はじめはデッキに群がっていた乗客も、だんだん船室内に戻ってきて、水槽に飼われているクリオネの写真を撮ったりして、流氷は思った以上の素早さで飽きられているようであった。流氷原はたしかに珍しい眺めではあるけれど、見続けるには変化に乏しい。船のエンジ

ン音と風の冷たさ、そしてカモメの存在がなければ、デッキに出ていてもまるで室内のようだった。白熊でも走り回っていれば別だろうけど、しまいには椅子を確保して寝そうになった私だ。

ちなみに帰ってから調べたところ、砕氷船は、あのずんぐりむっくりした船首で氷に乗っかり船の重みによって割る仕組みなのだそうである。冴えないようでいて、逆にあれこそが戦略的な形であったということだ。

私としては、あのような流氷に実際人間が乗ってどうなのか、という点が気になった。大きな一枚板もあったけれど、そうはいっても不安定なものばかりで、うっかり乗ると割れたり、滑って転んで落っこちたり、小さなものは転覆したりしそうだ。あるいはもっと流氷の厚いところまで行って乗るのだろうか。

おーろら号から下船したわれわれは、道の駅でオホーツク「流氷カリー」なる青いカレーを食べ、網走といえば誰もが思いつく有名な監獄博物館を見物した後、電車で知床斜里《しれとこしゃり》へ行き、そこからさらにバスに乗り換えてウトロへと向かった。

そうして道中の車窓から発見したのは、網走とウトロでは、流氷の様子が全然違うということだった。

3 クマゲラの謎と、よく見えなかったゴマフアザラシ

網走ではまだ浜辺と流氷の間に海面が見えていたのが、ウトロに近づく頃には、もはや海面はどこにもなかった。一面が白い平原だ。

空はどんより曇って、真っ白な海との境界もよくわからない。

日が傾いてくるにつれ、われわれは、じわじわと寂しい気分になってきた。

窓から見えるのは、ひたすら海と岩、反対側は森と岩ばかりで、人の暮らしを想像させるものがほとんどないのだ。

この先に人の住む町があるということが、信じられない気分だった。ここにまだ道路ができる前、知床半島に住んでいた人々は、いったいどうやって暮らしていたのだろう。

「100年前にこんなところに住んでたら、イヤになって、流氷の上をどんどん歩いていきそう」

テレメンテイコ女史がポツリと言った。

構わないから、どんどん歩いていってはどうだろうか。

ウトロは秘境知床の中ほどにある町で、冬の間はこの先の道路は閉鎖されるため、つまりここが知床の最奥ということになる。そう思うと、ずいぶん大袈裟《おおげさ》なところまで来てしまった気がするが、町にはコンビニも大きなホテルもあって、普通に人が住んでいる。

そしてこのウトロで、念願の流氷ウォークが行なわれているのだった。ああ、やっと着いた。

到着した翌日、さっそく流氷に乗るぞ、と思ったら、まずスノートレッキングをやり、その後動物観察ツアーをやり、そのあとで流氷ウォークという段取りになっていた。

「なんで、流氷ウォークは後回しなんですか」

「その時間に来るように言われたんですよ」

「動物観察とか全然興味ないんですけど」

「それやらないと昼間の時間がずいぶん空くんです。まあ何でもやってみたらいいじゃないですか」

私としては流氷ウォークだけで十分なのだが、そういうことならと、ひとつずつ順に挑戦していくことになった。

最初はスノートレッキングである。

国道沿いにある知床自然センターから、オホーツクに面したフレペの滝まで、スノーシューを履いて往復するツアーだ。

私は西日本育ちのせいもあり、夏のアウトドアスポーツと比べて、冬のアウトドアはそれほど熱心にやってこなかった。スキーの腕前もたいしたことはないし、雪山についても何度か登ったものの、荷物の重さに辟易《へきえき》し、やめてしまった。

そんななか唯一しっくりきたのが、歩くスキーやスノーシューを履いて、森や凍った湖をトレッキングすることだった。夏は草が繁って通れなかったり、虫に刺されたり、クモの巣にからまれたり、場所によってヒルが出たりと、何かと鬱陶《うっとう》しい森も、冬は雪以外に触れるものもなく、清潔感をキープしたまま散策できるのがいい。流氷ウォークほどではないが、知床でのスノートレッキングも、それはそれで面白そうであった。

なお、スノーシューは体が雪に沈まないよう、体重を広い範囲に分散させる仕組みになっている。必然的に接地面積がでかくなり、歩き方にも工夫が必要だ。左右のスノーシューがぶつからないよう、少しガニ股で、かつ一歩一歩踏みつけるようにして歩かなければならない。

初体験のテレメンテイコ女史は、

「松の廊下みたいですね」

とスノーシュー初体験の感想を述べていた。

たしかに、歩いてみた印象は、昔の武士が長い袴《はかま》の裾を持て余しながら進むあの感じに近い。一歩一歩どったんどったんと歩くわけである。最初のうちは変に力が入るが、そのうち慣れて、気にしないでも歩けるようになる。

森の入口から歩き始めると、すぐに周囲から人工のものがなくなって、気がつけばわれわれは、大自然の真っ只中にいた。雪の上には動物の足跡もちらほら見えて、これはキツネ、これはネズミ、とガイドが教えてくれる。ネズミは尻尾の跡が残るんですといって、それはいいのだが、続けて、樹の表面に筋が入っているのは熊が登った痕です、というのは問題があった。

熊？

今回スノートレッキングツアーは予約したが、熊はとくに予約してない。熊の爪痕とか、コースに組み込んでどうする。しかもガイドは平然とこう続けたものだった。

「知床半島は、世界でも熊の密度がもっとも濃い場所のひとつです」

って、えええ！

熊密度世界最大！

誰だこんなツアーに参加しようと言いだしたのは。

熊の爪痕は、ものすごくくっきりと刻まれていて、つまりそれは爪が相当深く食い込んだことを示していた。しかもずいぶん上まであり、ガイドによれば、熊は簡単に樹に登りますとのこと。ということは、樹の上に逃げてもダメなのであった。

それでもガイドは余裕の表情で、熊も人間を怖がっているから、歩くときはなるべく音を立てるようにして早めに気づかせるのが大切です、そうすれば熊のほうで人間を避けてくれます、とか何とか言ってる端から、遠くのほうで何か黒いものがガサガサッと動いて、

うおおおおっ！

目を凝らすと鹿であった。

危ない危ない。脅かすんじゃないぞ鹿。

でも鹿ならまあよかった、安心だと思ったら、

「雄の鹿は危険なので、注意してください」

とガイドは言う。群れを守るため、人を襲ってくることもあるそうだ。その場合、角から体当たりしてくるから、非常に危ないらしい。

おいおい、危険だらけではないか。動物乱暴すぎ。

もちろんガイドも気をつけていると思うが、熊にせよ鹿にせよ、襲ってくる場合はまずテ

レメンテイコ女史から襲うよう、しっかり危機管理してもらいたいものだ。


ところで、このツアーで私が一番面白かったのは、クマゲラであった。

クマゲラを見たのではない。樹にやたら大きな穴が開いているところがあり、ガイドが、クマゲラが開けたものだと教えてくれたのだ。それは熊の爪痕なんかよりもはるかにでかく、深さ30センチはありそうだった。

クマゲラといえば、たしかキツツキみたいに嘴《くちばし》で穴を掘る鳥だろう。嘴で果たしてこんな巨大な穴を開けられるものだろうか。鳥ごと埋まってしまいそうな穴ではないか。

しかしもっと驚いたのは、ガイドが次に教えてくれたことである。

クマゲラという鳥は、樹を嘴でつっつくとき、長い舌を脳に巻きつけて震動から守るのだそうだ。

あ？　何だって。舌を脳に巻きつける？

意味わからん。いったいそんなことが可能なのか。絵にすると、こんな感じだろうか。

もしそれが本当なら、口の中と脳が繋がっていなければならない。

そうすると、エサの食べカスなんかも脳のまわりにやってくるんじ

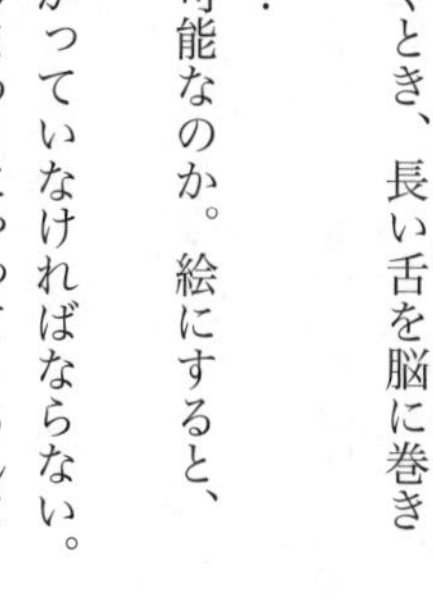

ゃなかろうか。食ったつもりの虫が、脳のまわりに棲みついたりして、ややこしいことになりそうである。それどころか脳を舐めてみてうまかったりしたらどうするのか。鳥はバカだからそのまま食ってしまうのではないか。

どういう仕組みか知らないが、自分の脳に舌を巻きつける鳥がいるとは、世の中どんな生き物がいるかわからないものであった。

このあとわれわれは、十数頭ほどの鹿の群れと出会い、雄の鹿に注意を払いながら通過。最後に、海の見える崖の上にたどり着いた。

目の前に、どーんとオホーツク海が広がり、崖の途中には、土中から染み出した水が凍ってツララがたくさん垂れ下がっていた。それがフレペの滝だった。

海と崖と滝。

なんとも雄大な眺めだ。

オホーツク海は、遠く水平線まで流氷で覆い尽くされ、大氷原となっていた。夏には波がドッパンドッパン打ち寄せているはずの岸壁も、今は何の音もしない。

網走の砕氷船から見た流氷は、ところどころに隙間があって海がのぞいていたけれど、ここでは隙間はまったく見えなかった。その見えなさたるや、テレメンテイコ女史が、ロシアまでどんどん歩いていっても大丈夫そうなほどであった。落ち着いたらそのうち提案してみ

音のしない海

ようと思う。

さてこうしてスノートレッキングは無事終了し、次は動物観察ツアーということなのだが、ツアーガイドが、天然記念物のオオワシやオジロワシ、さらに鹿が見られますというので頭を抱えた。

また鹿かよ。

ワシだって何ワシか知らないが、すでにたくさん見ていた。何しろそこらじゅうに飛んでいるのだ。

悪いけど、今は動物の気分じゃなかった。どちらかというとコーヒーとか、ふかふかのベッドとか、そういう気分であって、唯一、動物面で興味があるとすればクマゲラの脳を覗いてみたいぐらいである。

などと口には出さず心の中でだけ思いながら車

に乗っていくと、連れて行かれたのが鹿の群がる斜面だったりして、フォースの暗黒面に落ちそうになったのだったが、結果から言うと、動物観察ツアーは悪くなかった。

というのも、ゴマフアザラシを見たのである。

流氷に閉ざされたウトロ港の駐車場脇の岸壁の下、灰色の塊がゴロンと氷の上に転がっていた。それが、ゴマフアザラシだった。

ガイドによれば時々見られるということで、ものすごく貴重な発見というほどではないが、それなりに豪勢な出会いと言える。とりわけ、それが港の駐車場脇、夏ならドブといってもいいような場所にいたのが見応えであった。

灰色だからコンクリートに寄り添って擬態していたのかもしれない。果たしてアザラシが擬態とかそういう姑息《こそく》な考え方をする生き物なのかどうか知らないけれど、おかげでよく見えなかった。よく見えないまま、お得な気分だけ味わったのだった。

4　流氷に乗る

ずいぶん寄り道をしたが、私はついに、満を持して流氷ウォークに参加した。

ワカサギ釣りやら、動物観察ツアーやら、幾多の興味のないアトラクションを乗り越えて、ようやくたどりついた流氷ウォークである。このためにはるばる知床までやってきたのだ。

流氷ウォーク参加者は合計８名。ワゴン車に乗せられ、町外れの海岸へ連れて行かれて、そこで全員ドライスーツに着替えさせられた。ウェットスーツと違い、服を着たままその上から装着するので、これがあれば冷たい海でも対応できるのだ。

さきほどフレペの滝から見たように、海は完全に流氷に覆われ、平原になっていた。ここに来るまでは、イカダのように浮かんだ流氷に乗るつもりでいたから、想定外といえば想定外である。

道路から小さな斜面を下りた先に海岸があり、着替えが済んだら、そのまま海へ下りていった。いよいよだ。

私は砂浜から流氷に乗り移る瞬間が、ちょっとしたスペクタクルなんじゃないかと期待していた。なんといっても、それこそが流氷ウォークにおける最も重要な瞬間であるのは間違いなく、ここは、

「さあ、今……、宮田選手、流氷の上に……ついにその第一歩を……踏み出そうとしています！」

とか、口には出さず実況中継したい。なぜ選手になっているのかとか、何の大会なのかとか、そもそもどこで放送しているのかとか、いろいろ謎はあるが、重要な場面ではとりあえず実況中継である。男子はみな、心の実況中継とともに生きているものだ。

今こそ、境目の瞬間を見逃すな！　と視聴者に訴えたい。

で……。

どこからが流氷なのであろうか。

このへんが本来の波打ち際かなと思うあたりで立ち止まってみたものの、そこらじゅう雪に覆われて、よくわからない。今がまさしくその瞬間なのか、まだ陸地の上なのか、それともう海の上なのか、判断できなかった。そこがはっきりしないと、うまく実況できない。

雪と氷が連続して、ずっと地表のようだ。

と、すぐ脇に、ちょうど人間がひとり海に落ちるぐらいの小さな丸い穴が開いていて、そ

海と陸の境目付近

こから海が見えていた。

んあ？

ということは、私は今、海の上に立っているということではないか。

「おおお、宮田選手、肝心の境目を通り過ぎてしまっています！」

すかさず実況中継した。

どこからが海の上だったのか、振り返ってみても、ずっと地続きな感じだから、その肝心なポイントがわからなかった。

それでも、念願かなったということで、今さらだけど、自分が重要な場所にいることの味わいを嚙みしめた。わざわざ意識して嚙みしめないと、ただ地面に立っているのと錯覚しそうだったからである。

ここで、流氷の上に立つのがどんな感じか説明しておこう。

まず、流氷は地面のように固く、まったく動かない。飛び跳ねても、氷がひび割れたりしない。もう少し春になれば、もっとプカプカした感じになるのかもしれないが、今の時期はぎっしり密に詰まって、大地のようだ。

大地といっても表面は平らではなく、そこらじゅう凸凹していて、その上に雪が積もっていた。なので歩くルートはよくよく選ぶ必要があった。

沖に行くにつれその凸凹は大きくなり、厚い氷の板がでたらめに立ち上がったり重なり合ったりして、手を使ってよじ登らないと先へ進めなくなる。なかにはモノリスのようにきれいに立ち上がっている氷もあった。

海がのぞいている場所はほとんどなかった。ときどき氷が青く透けて、そこが海の上であることを感じさせる場所はあったものの、それでも氷の厚みは相当あり、足でガシガシ削ってみても、とても穴など開きそうにない。海に落ちる心配はまったくなかった。

流氷を知らない人に電話して、

「今、私は船にも乗らず、道具も使わないで海の上に立っています、さてなぜでしょう？」

ってクイズを出したい。こんなことができるのは、日本ではオホーツク海だけだ。

陸地から数百メートルも離れただろうか、ある程度沖まで歩いたところでみんなで立ち止まり、景色を眺める。

これ以上進んでも同じという判断だった。たしかにひたすら氷が続いているだけなので、とくにこの先に重要なアトラクションが待っている気がしない。

ガイドの話によると、流氷はここ数年でだいぶ少なくなったそうである。多いときの5分の1ぐらいだそうで、あと50年もすると来なくなるかもしれないとのこと。

やはり温暖化のせいかと思うと気持ちが落ち込むが、逆に今の5倍の流氷が来たとはいっ

たいどういう状況なのか、そっちのほうが想像がつかなかった。

　ガイドはさらに、流氷が接岸すると知床は内陸性気候になる、と教えてくれた。気象的な観点で言えば、ここはもう海ではないということだ。海面が閉ざされてしまうため、水分の蒸発が起こらないわけである。気候まで変えてしまうとは、流氷おそるべしである。

　私はどこまでも続く流氷原を見渡した。

　日本において水平線はどこでも見られるが、氷の水平線はここでしか見られない。

　やがて傾きはじめた太陽の光が、流氷をかすかにピンク色に染めて、あたりは幻想的な雰囲気に包まれてきた。

　おおお、これだこれだ、こういうのが味わいたかったのだ。

雄大で、美しい眺めであった。

と、自然の雄大さに思いを馳せている私の横で、テレメンテイコ女史が、流氷の一部をもぎ取っていた。

「何やってるんですか？」

女史はニヤニヤ笑いながら、

「ホテルに戻って、オン・ザ・ロックにします」

彼女の脳みそには、この雄大な大自然も、グラスに入れる氷にしか見えないらしい。

流氷↓氷↓オン・ザ・ロック
まったくアルコール中毒者の考えそうなことであった。

酒の飲めない私と違い、取材にかこつけてどこかで旨い酒飲んで旨いもん食いたいというのが、テレメンテイコ女史のこの連載における最大のモチベーションなのだ。氷に赤潮でも混じっていればいいと思う。

その後われわれ一行は、帰る途中に、流氷ウォークのゲスト用にわざと開けてある穴に立ち寄り、体ごと入ってみたりして、ひと通りオホーツク海を堪能。そうしてまた海の上を歩いて、どこで陸にあがったのかうやむやな感じで知床半島に戻ってきた。

「なんか地上歩いてるのと変わりませんでしたね」

とテレメンテイコ女史。

たしかに実況中継はうまくできなかったし、流氷のイカダに乗ったり、つるつる滑って海に落ちたり、流氷の下をのぞいてクリオネを見たりするのかと想像していたので、少々イメージが違ったけれど、それでも流氷の上に乗るのはどんな感じか知ることができたから、私は納得している。

むしろガイドの話にもあったように、これほど密に流氷に覆われた海は、今後はなかなか経験できなくなっていくのかもしれないとすれば、逆に貴重な体験をしたとも言える。

「おじいさんが若い頃はな、流氷で海が陸のようになったものだよ」

将来孫にそう話して聞かせる自分を想像した。けど、思えばもう若い頃じゃないので、

「おじいさんが中年だった頃はな、流氷で海が陸のようになったものだよ」

こうして、私の流氷ウォークは終わったのだった。

われわれはこの後、網走に戻り、飛行機が出るまでの時間を利用して、北方民族博物館やオホーツク流氷館、さらにモヨロ貝塚館に、網走市立郷土博物館を見学した。

網走には博物館が多い。なかでも北方民族博物館は、大阪にある国立民族学博物館の北海

道版といった感じで、非常に見ごたえがあった。モヨロ貝塚館や郷土博物館もそうだが、大和民族とは違う北の民族に関する展示が見られ、北海道といえばアイヌ人かと思ったら、それより前に、オホーツク人や擦文人《さつもんじん》というのがいたらしいのだった。

北方民族博物館の見ごたえのあった細工

　オホーツク人は狩猟民族で、擦文人は農耕やサケ・マス漁をして暮らしていた。このふたつの民族はやがて衝突、融合しトビニタイ文化が生まれたという。まるで日本じゃないよその国の話のようである。

　テレメンテイコ女史は、オホーツク人と擦文人の住居の展示を見比べ、もしお嫁に行くとしたらどっちがいいか検討していた。

　熟考の結果、家のつくりがいいオホーツク人のほうにするそうだ。

「でも狩猟民族だから、家の中とか臭いのかなあ」

　何でもいいから、さっさとオホーツク人のお嫁さんになって、氷の上をどんどん歩いていけばいいのであった。

　テレメンテイコ女史が最後はオホーツクの幸で締めまし

ようと宣言し、寿司屋に行ったら、オホーツクのネタはウニしかなく、

「オホーツクの魚はないよ」

とあっさり言われる。

オホーツクに来て、オホーツクの魚が食べられないとはどういうことだ、と思ったら、漁ができない、と大将。なるほど、流氷に閉じ込められているから、船など出せるわけないのだった。

流氷↓海の幸なし

一瞬驚いたが、考えてみれば、当然のことであった。

和歌山

1　粘菌《ねんきん》探索行

梅雨がやってきた。

なんだか今年の梅雨は雨量が多いようである。一度降り出したらなかなか止まない。雨の季節は出かけるのが億劫《おっくう》になり、どこにも取材旅行に行きたくない。かといって、もくもくと部屋で原稿を書いているのも面白くない。

外に出るのは濡れるからイヤだけれども、外に出ないでじっと仕事しているのもイヤだ。こういうときは外にも出ないで仕事もしないのが一番いい。幸い私は、雨を眺めているのは嫌いじゃなかった。いや、むしろ好きだ。暴風雨みたいな雨じゃなくて、スコールのようにまっすぐ潔く降る雨がいい。

昔、東南アジアを旅していたとき、あれはミャンマーの村だった気がするが、散歩中に突然スコールに襲われたことがあった。たまたますぐそばに建物があり、その軒で雨宿りをした。

雨は激しい勢いで降り、あっという間に道路には幾筋もの流れができて、もともとが土の道路だから、まるごと大きな川となっていった。

それでもスコールなんてそのうちに止むわけだし、私はとくに慌てることもなく、気長に雨を眺めて待った。軒下にベンチでもあったのだろうか、細かいことは忘れたけども、私は何か板のようなものに座っていたようだ。

そしていずれ雨は止み、私はぬかるむ道をたどって、その場を出立した。

たったそれだけの記憶がなぜか今も思い出される。とくに何かが起こったわけでもないし、それがどの村だったのか、自分がどこへ向かっていたのかも思い出せないのに、軒下から見たまっすぐに降る強い雨だけが、印象に残っている。どうしてそれだけ覚えているのか。

たぶん、気持ちよかったのだと思う。

ザーザーとまっすぐに降る雨が。

以来、雨が降ると、またあんなふうにぼーっと雨を眺めてみたいと思うようになった。そういう意味では、梅雨の今こそ、じっと雨を眺めるいいチャンスだ。

そんなわけで、仕事は延期し、雨の魅力に迫ろうと思っていると、テレメンテイコ女史から「雨の魅力に迫る前に次の〆切が迫っている」との報告があり、「またどこかへ出かけて原稿を書け」という。

「梅雨に旅行したって雨で面白くないですよ」

「宮田さん、晴れ男だっていつも自慢してるじゃないですか」

「べつに私は晴れなくていいんです。今はじっと雨を見ていられれば」

「何ですか、何かあったんですか」

「いや、べつに」

「とにかく原稿を書いてください」

「じゃあ、眺めのいいウッドデッキみたいなところに行って、ボーッと雨を眺めながら……」

「眺めながら？」

「そうだなあ……」

理想のウッドデッキについて考えた。

それは大きな屋根の下、最低でも八畳間ぐらいの広さが欲しい。できれば前後左右とも開けていて、靴を脱いでそのまま寝転べるようなのがいい。

見晴らしのいい高台にあることも重要だ。言うまでもないが、視野には高層ビルや送電線などが入らないこと。眼下に照葉樹林の緑濃い森が望め、母屋から運ばれてきたアイスコーヒーかアイスティーを飲んだりできれば一層望ましい。ただ、大自然に抱かれてる感じは大切だが、蚊とかアブとかハチとか蟻の群れとかそういうのがいないことは絶対条件だ。枕があるとなおいいだろう。布団はなくてもいいが、マットレス程度の……。

「もしもし！」

「……？」

「もしもし宮田さん！　聞いてますか？　ウッドデッキより粘菌を探しに行きませんか」

テレメンテイコ女史の声が聞こえていた。

なんだって？　粘菌？

粘菌といえば、カビかキノコのような形でありながら、自分で移動したりする、動物なのか植物なのか菌なのかわからない不思議生物ではないか。

おお、それなら私も行ってみたいぞ。

「粘菌は、海で言えばウミウシみたいなものじゃないかと思うんです」

テレメンテイコ女史は、私がウミウシ好きなのを知っていて、わざとその気にさせるようなことを言うのだが、そんなふうに営業してくれなくても、粘菌と聞いて、十分乗り気になった私だ。

「ちょうど梅雨の今は、いい季節なんじゃないかと思って」

粘菌の生態についてはよく知らないけれども、そういうことなら、どこかいい雨の降る場所へ行って、粘菌の見られるウッドデッキを探そう。というか、ウッドデッキはひとまずおくとして、粘菌ならそのへんにいるだろう。以前、東京の高尾山でも見た。

たまたま写真家の糸崎公朗《いとざききみお》さんと散歩していて、見つけたのである。糸崎さんは、

「粘菌なんて、市街地の児童公園でも見られますよ」

と言っていた。

このとき見たのは、白いカビのようなもので、倒木にべったり張り付き、なんだか塗料を塗り付けたような汚い感じだった。私がイメージしていた粘菌とは少々違う。こんなものなら、これまでにも何度も見てきた気がして、もうちょっとレア感というか、ありがたみというか、オーラを放射していてほしいと思った。

粘菌の図鑑を見ると、それは小さなキノコのようでもあり、美しい宝石のような姿だったりもする。できればあの高尾山のべったりしたやつじゃなくて、そういうのが動き回るところを見てみたい。

ただ、よくよく図鑑を読み込んでみたところ、キノコっぽいのは動き回らないことがわかった。

粘菌は、変形菌とも呼ばれ、いろいろな形に変化する。動くときと動かないときがあるのだ。

まず胞子が発芽すると、アメーバ状になり、それが分裂、接合して、変形体になる。これ

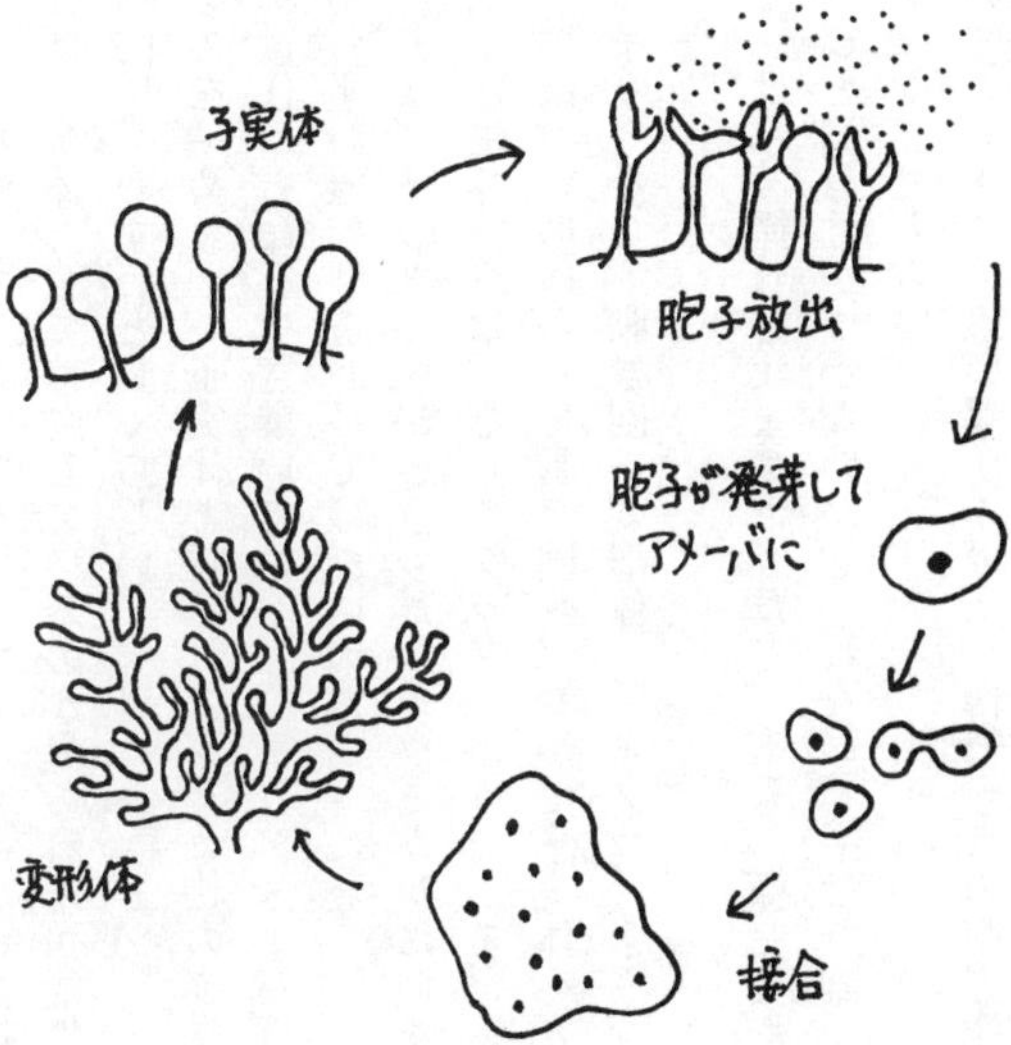
子実体
胞子放出
胞子が発芽して
アメーバに
接合
変形体

粘菌輪廻図

は大きなアメーバのような感じで、森の中を這いずり回る。私が高尾山で見たのもこれで、じっと観察していれば、全体として移動しているのが見られた可能性がある。ゆっくりではあるが、着実に動物的にずわずわと動くらしい。

やがてそれが動くのをやめると、子実体《しじったい》と呼ばれるキノコ状の姿になり、そのまま成熟し、胞子を飛ばして、次世代へと命を引き継いでいく。つまりアメーバは動き、キノコは動かない。キノコの形でずわずわ這い回るわけではないのだ。

テレメンテイコ女史は、陸のウミウシと言ったが、ウミウシに似たところはあまりなく、いろいろな姿に変化する生きざまは、むしろクラゲのようである。

梅雨というのは、粘菌が変形体として動き回り、やがて子実体へと変化するちょうど境目の季節だそうだ。つまり今なら、動き回る変形体と、キノコのような子実体の両方を見られる可能性がある。

そんなわけでテーマは粘菌探しと決まった。ただ、素人が探してもなかなか見つからないだろうし、見てもカビと見分けがつかないかもしれない。やはり誰か専門家に探してもらうか、探し方をレクチャーしてもらいたい。

粘菌専門家と聞いてまっさきに思い浮かぶのは、博物学者の南方熊楠《みなかたくまぐす》だ。もう死んでるけれども、和歌山に記念館がある。記念館のホームページを見ると、ときどき粘菌探索ツアーみたいなものをやっているようだった。

「和歌山に行きましょう！」

「あ、いいですね。南方熊楠記念館があったはず」

珍しく、打てば響くようなテレメンテイコ女史であった。聞けば、前々から粘菌に興味があったのらしい。菌類や苔が好きな女性は多い。酒しか興味ないのかと思ったら、そういう乙女なところもあるのだった。

そんなわけで、ウッドデッキあらため、急きょ南方熊楠記念館に行って、粘菌の探し方を教えてもらうことになった。


南方熊楠記念館は、和歌山県の白浜《しらはま》にある。

白浜には空港があって羽田からも直行便が出ている。

調べてみると、飛行機に乗ってる時間は、新幹線と特急を乗り継いでいく場合に比べて2時間以上短いが、飛行機に乗るには羽田空港まで行かねばならない。羽田に着いたらすぐ乗れるわけではなく、あれやこれやの手続きがあるし、一度乗り遅れたら次の便の自由席で、というわけにいかないから、余裕を見て早めに家を出る必要がある。そういった時間も含めて計算すると、現地到着までにかかる時間は1時間も違わないことに鋭い私は気がついた。

なので当然、電車で出かけた。テレメンテイコ女史は、私のように鋭く裏を読むことができず、飛行機で現地へ向かった。

南方熊楠記念館は、海に突き出した半島の先端、こんもりとした森のてっぺんに建っていた。

小雨が降っていたせいか、あるいは森の中にあるせいか、記念館はどことなく薄暗く、それがまた熊楠らしい印象だった。熊楠らしいとはどういうのか、私もよく知った仲ではないので勝手な思い込みに過ぎないが、底抜けに明るいのは違う気がする。

われわれは、事前に連絡しておいた記念館の植本康司《うえもとやすし》さんに面会をお願いし、すぐさま会議室のようなところに通された。

植本さんは、さっそく枯れ葉の入ったトレーや木箱を持ってきてくれた。枯れ葉はどれも乾燥しており、塩粒のようなものがついている。

「これはモジホコリという粘菌です」

おお、いきなりの対面である。

粘菌のほとんどは、なんとかホコリという名前がついている。子実体が胞子を飛ばすときに、ほこりが舞うように見えるからだろう。

ルーペで見ると、細い茎の先に丸い胞子嚢《ほうしのう》がついていた。キノコのミニチュアのようだ。まさに私がイメージしていた粘菌そのものと言える。

ただ、色が白いのは、カビっぽくて新奇さを感じない。記念館にはあちこちに粘菌の写真があり、なかには黄色いのや青いものなど、カラフルな種類もいるようなので、できるならそういうのが見たい。

と、思っていると、植本さんが今度はトレーに入れた黄色い粘菌を見せてくれた。名前は聞き忘れたが、子実体ではなく、変形体でオートミールを食っていた。

オートミール？

「トレーに入れておくと、粘菌のほうから寄ってきます。なぜ粘菌に餌の場所がわかるのか、まだ解明されていません。ただクエーカー社のオートミールが一番好みらしいということはわかっています（笑）」

展示室のほうにも、粘菌が展示してあった。大きな平たいケースの中に枯れ葉や枯れ枝が散らしてあり、そこにいろいろな種類の粘菌がついて、ルーペで眺められるようになってい

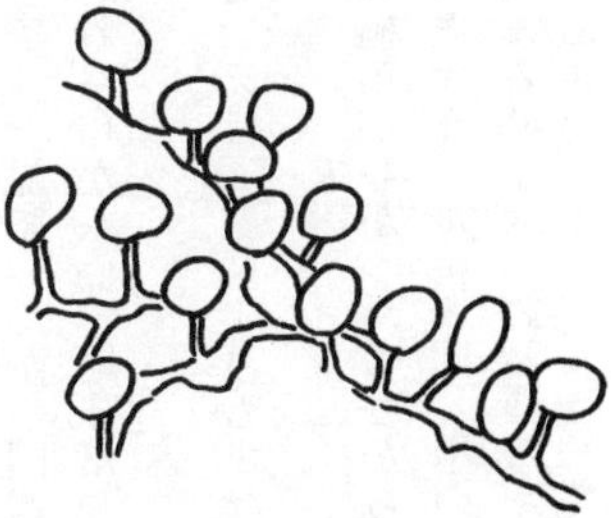

モジホコリ

る。アミホコリ、ウツボホコリ、ウリホコリ、マメホコリ、タチフンホコリなどなど。どれも子実体である。変形体は、展示しようにも、勝手に移動するから難しいのかもしれない。

参考までに、タチフンホコリの変形体はこんな形だった。だんだんわかってきたが、変形体は湿気たところに、子実体は乾いたところにいるようだ。つまり梅雨明け時は、ちょうど変形体から子実体に変わる時期ということになる。

私はしばらくルーペでいろんな子実体を見ていたが、図鑑で見たときほどの感動はなかった。どれも白か茶色で地味だったからだ。

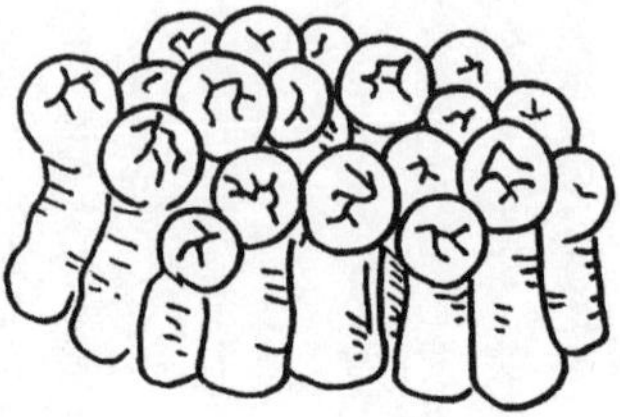

タチフンホコリ

むしろ展示室で見て驚いたものといえば、粘菌よりもキャラメル箱だった。

南方熊楠が天皇に粘菌を献上したとき、ちょうどいい大きさの桐箱がなかったことから、キャラメル箱に入れて献上したというエピソードは有名だ。そのキャラメル箱と同じ型の箱が展示されていた。キャラメル箱というから、てっきり片手に収まるサイズのいわゆるキャラメルの箱かと思っていたら、ゆうパックみたいな大きな箱だった。

予想外にもほどがあり、じっくり眺めて目に焼き付けた。

そうして、ひと通り展示を見たら、実際に外に出て粘菌を探そうということになった。

どこで探すかというと、記念館のまわりである。たぶんそうじゃないかと思っていたが、粘菌など樹や落ち葉があればどこにでもいるのである。

「本当はもう少し遅い時期のほうがいいんです」

と植本さんは言った。

「雨が降って2、3日たった晴れた日が一番いい」

この日は雨が降っていたから、そうなると見つかっても変形体かもしれない。どこも湿っているからだ。できれば子実体、なかでもカラフルなやつが見たかったのだが、難しそうである。

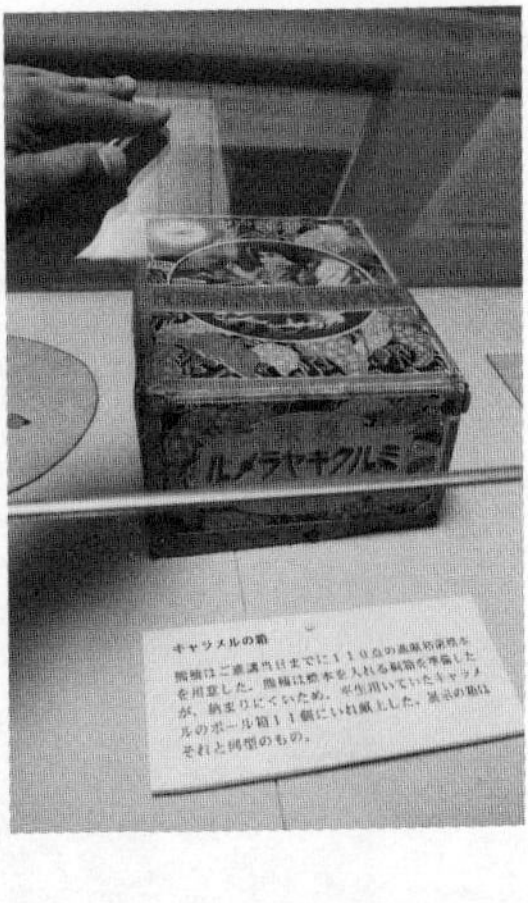

雨そのものも厄介だった。

植本さんは、傘もささずにそのへんの雑木林へ踏み込んでいく。

こちらから頼んでおいて、雨だからイヤですとは言えない。テレメンテイコ女史と私も、後を追って林の中へ分け入った。生い繁る木々のおかげで、少しは雨が遮《さえぎ》られたが、それでもピチャピチャと濡れながら、その場にしゃがみこんで落ちている枯れ葉を調べるのは大変な作業だ。本降りでないのがせめてもの救いだった。

「こういう落ち葉が積み重なってる場所は、粘菌の棲み家です。倒れて腐った木なんかもねらい目ですね」

ねらい目なら、ぜひねらいたいけれども、林に入ってすぐに私は、粘菌探しには雨以上のさらに重大な問題があることに気がついた。一歩進むごとに蜘蛛の巣が顔にひっついたり、首筋を蚊に食われたり、葉っぱをひっくり返すと、指先をワシャワシャしたものが登ってきたりするのだ。ワシャワシャだけではない。うにょうにょしたものが触れたり、チクチクしたものがちょっと痛かったりする。

われわれのために一生懸命粘菌を探してくれている植本さんには悪いというか、こんなことを言うのは本当に気が引けるけれども、粘菌は記念館で見たからいいんじゃないかな、という画期的なアイデアがみるみる湧きあがってきた。なぜそんないいアイデアにさっきまで気づかなかったのか。そもそも言いだしっぺはテレメンテイコ女史なのであるから、女史が単身、林の奥深く分け入って粘菌を探せばいいのではないか。

体中がなんだか痒《かゆ》くなってきた気がして、みるみる気力減退した私だ。

——と、植本さんが枯れ葉を手渡してくれた。

「ホネホコリだと思います」

おお、出た、ホネホコリ。

葉っぱに白いツブツブがついている。色味は地味だったけれども、そんなことはまったく気にならなかった。

むしろ大変な感動があったと言ってもいい。これで撤収できるという大変な感動が。

しかし植本さんは、こんなぐらいじゃまだまだ、といったふうで、

「粘菌を探していると、怪しまれて通報されたり、職務質問されたりするんですよね。でもここは記念館の敷地内だから大丈夫」

なんて言って朗らかに笑っておられた。

「なんかワシャワシャした虫が腕の上に登ってくるんですけど」って、私も通報したい気分だ。

それでも、幾多の困難を乗り越え、葉っぱの裏に謎の白い

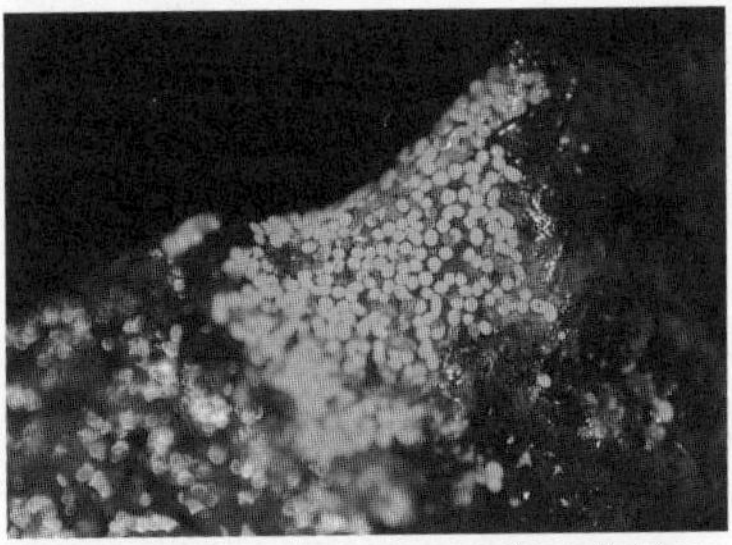

枯れ葉に密生するホネホコリ（やや拡大）

デロデロを発見したりしたのであるが、それは菌糸体といって、つまりはふつうの菌だと教えられた。

結局30分ほども探しただろうか、ホネホコリ発見というめざましい成果をみせて、粘菌探しは終了した。

植本さんにはいろいろとご教授いただき、大変お世話になった。ぜひまた、次はもう少しいろんな粘菌が見られそうな時期に、テレメンテイコ女史が単独で挑戦することにしたい。

「他にこのへんで粘菌探しに適した場所はありますか」

女史は物足りないのか、依然やる気まんまんだ。

「白良浜《しららはま》の熊野三所《くまのさんしょ》神社の杜《もり》も、いいですよ」

と植本さん。それなら明日にでも熊野三所神社に寄って、時間の許す限り粘菌を探し（ているテレメンテイコ女史を応援し）たい。

2　エビとカニだけの水族館

ところでせっかく和歌山まで来たのだから、他にも和歌山ならではの場所に行こうと思う。白浜からさらに南へ下った江住《えすみ》に、エビ・カニ水族館があるらしいので、そこに行ってみることにした。実は今回の行き先が白浜と決まった時点で、目をつけていたのだ。

山形県の鶴岡にクラゲ水族館があるが、それはあくまでクラゲをメインにした水族館で、正式には鶴岡市立加茂水族館というのである。一方、エビ・カニ水族館は、正式名をすさみ海立エビとカニの水族館といい、正式名にもエビとカニがつく、つまり本当にエビ・カニばっかりの水族館なのであった。「すさみ海立」というのも、なんだか妙だ（※2021年現在は、すさみ町立エビとカニの水族館として場所も移動してリニューアル営業中）。

いつも海の生きものばかり追いかける私に、テレメンテイコ女史はワンパターンだとクレームをつけるのだけれども、虫に追いかけられるよりよっぽどいいし、ワンパターンも何も、海の生きものは、温泉や、グルメ、ローカル線などと同様、旅で味わいたいものの筆頭と言ってもいいのであって、いい眺め、いい温泉、いい宿、いい料理、いい海の生きものは、一般的な旅を構成する5大要素とさえ言える。あまり深く考えすぎず、見に行ってみるのが正解だ。

いい石が落ちていたかもしれない江住の海岸

江住で降りて、駅から徒歩20分のエビとカニの水族館へ向かった。

途中小さな浜があったので、下りてみると、石が落ちている。せっかくだから拾っていこうかと思ったが、テレメンテイコ女史を見ると、石拾うな、と特に口には出さないけども顔に書いてあった。これまでも、なにかというと私が石を拾おうとするので、海の生きもの同様、ワンパターンだと女史は嫌っているのだ。しかし、石拾いというのは、旅で味わいたいものの筆頭といってもいいのであって、いい眺め、いい温泉、いい宿、いい料理、いい海の生きもの、いい石は、一般的な旅を構成する6大要素と言われている。

あれ？　テレメンテイコ女史が行ってしまった。

仕方なく、私も石をあきらめ、エビとカニへ急ぐことにする。

エビとカニの水族館は、日本童謡の園という施設の一部にあった。童謡に興味はないので、水族館だけ目指して歩いていく。あまり車の停まっていない広い駐車場の脇、階段を上ったところに平屋の建物が見えていた。結構古い施設だ。

これは期待できないかな、と落胆しつつ中に入ると、玄関入ってすぐカニ。そしてエビ。

エントランスとかそういうしゃれたものはなく、のっけから水槽と水槽と水槽。そして意外にも、これがずいぶん面白かった。

最初に面白かったのは、クリスタルヤドカリと表示された水槽で、中には巻貝の形を模したガラスを背負うヤドカリがいた。そうすることで貝の中がどうなっているか見えるよう工夫されている

ヤドカリの殻の中の
小さなハサミ

わけである。ヤドカリはたくさんの脚を持っているけれど、貝の中にも小さな脚、ハサミのある脚があって驚いた。それはたぶん室内用の脚で、貝殻の中での自分の位置を調整したりするときに使うのだろう。そんな脚があるとは知らなかった。

さらに別の水槽では、イセエビが、後ろのほうの脚で背中を掻《か》いているところを発見した。エビも背中を掻くのかと勉強になった。

以前から私は、自分で自分の体を全部触《さわ》れない生きものはなぜそういう形なのかという問題について、つまり痒いところに手が届かない生きものの悲しみについて、折に触れて考えてきた。犬にしても自分の背中を掻くのはかなり無理な体勢にならざるを得ない。それが犀《さい》やイノシシになると、もはや無理であって地面にゴロゴロ転がり、魚などはもう最初からお手上げというか、その上げる手もないぐらいで、実に歯痒いのではないかとその心中を察して余りあったのである。

エビやカニも脚がいっぱいあるわりに背中側は盲点であり、まあ硬い殻だから、痒いとかそういうことはないのかなと安心していたら、イセエビ背中掻く、という現実を目の当たりにし、認識の甘さを痛感した。

そのほかに、エビにはハサミがあるのかないのか、という問題についても考えさせられた。この件についてはかつて、ハサミがあるのはエビではなくロブスターやザリガニだ、と主張する者もいたが、ロブスターはエビだろうと反論する者もあり、なかなか決着がつかなかった。バルタン星人を見よ、と声高に叫ぶ者もいたが、それはセミだった。セミにハサミがあるか！　と当該の者はいきり立ち、言われてみれば重大な問題のような気がしたが、さしあたって関係なかった。

最終的に、エビの脚の先端の小さく分かれているのを見つけた誰かが、エビには大なり小なりハサミがある、と結論付けて論争に終止符を打ったと記憶しているけれども、今こうしてみると、たしかにその小さく分かれているところでエサをつまんで口に運んでいるくさいのが見てとれるものの、あれはハサミじゃなくて指的なものでないのか、とも思え、いまだ納得のいく答えが出ないのであった。

それより、こいつは何をしているのか（69頁上）。

このカニは、ひと回りしてからもう一度見に行っても、同じ格好だった。

この日、われわれが訪れたのは、ちょうどエサやりの時間だったらしく、カニのエサとして、エビを与えていたのも印象深い。エビ、まさに今見て感情移入しかかっていたところだった。

エビとカニの水族館で、エサがエビ。再生可能エネルギーみたいな話だろうか。いいのか、そういうことで。

そうしてテレメンテイコ女史はといえば、

「カニって結構不器用なんですね」

と言って、与えられたエビを何度も落っことしてしまい、なかなか口に運べないカニに呆《あき》れていた。

逃げ足は速いのに、食べるの遅いカニ。

いろいろと考えさせられたすさみ海立エビとカニの水族館であった。

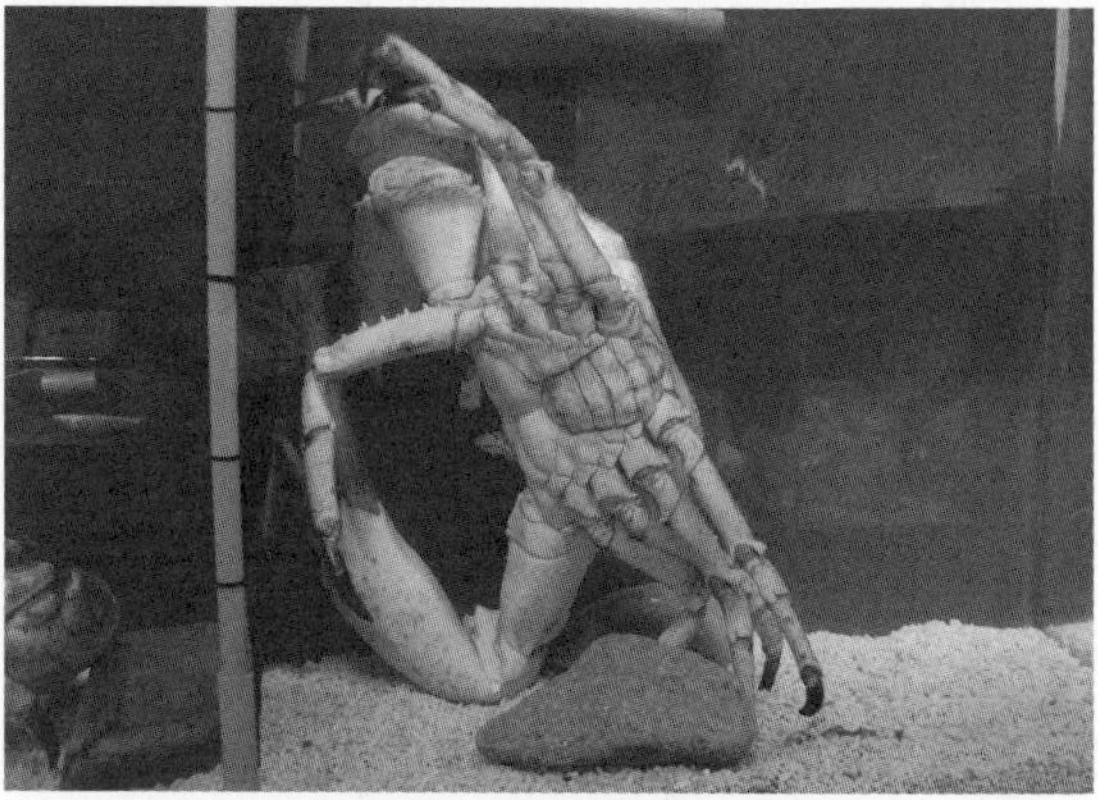

何度見に行っても同じ格好

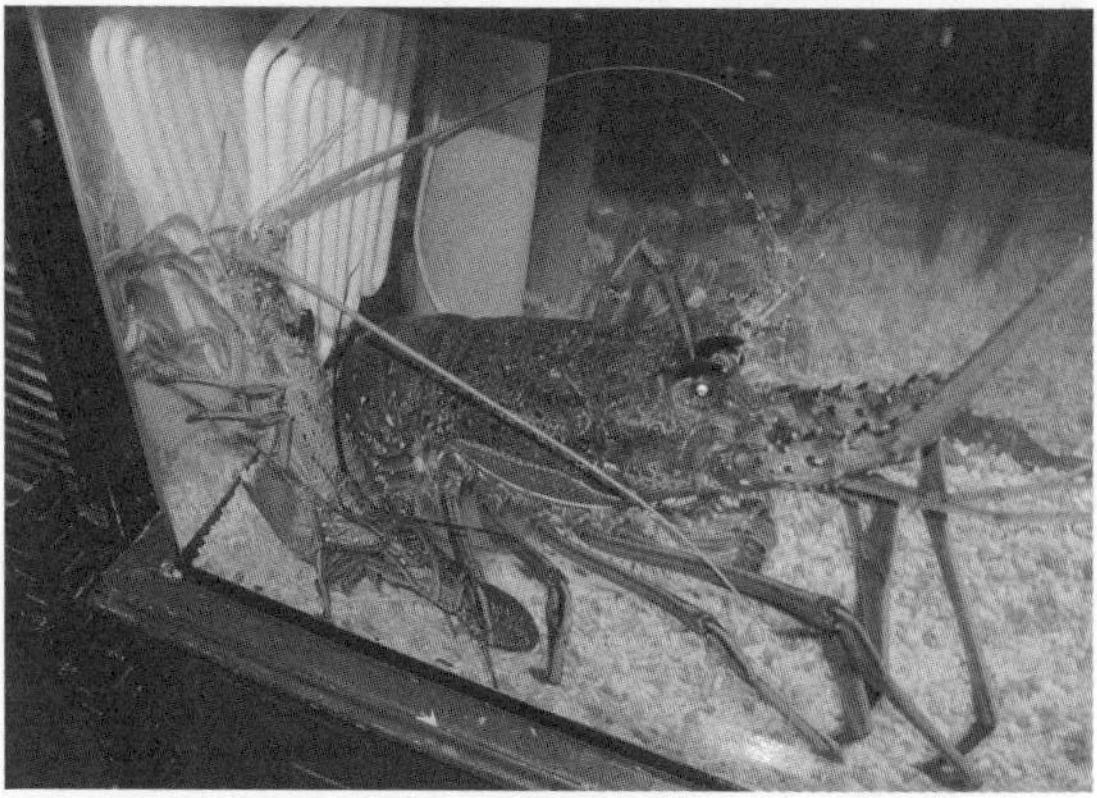

お尻でぐいぐい別のエビを押しているエビ

3　モゲそう系とロックバランシング

翌日は晴れた。

昨日とは打って変わって日差しが強い。まだ梅雨ではあるものの、今なら十分泳げるだろう。

白良浜の海水浴場の北のはずれに、熊野三所神社があって、その裏がちょっとした杜になっている。植本さんの話では、そこでも粘菌が探せるとのことだった。

神社の杜は鬱蒼《うっそう》としたイメージがあり、いかにも粘菌が好きそうだ。

そんなわけで長袖を着て、虫除けを体中にふりかけ、さっそく朝から熊野三所神社に向かったわれわれである。

白良浜の砂は、どこかから運んできたそうだが、まるで南の島のように白く、もう焼けているのか、裸足で跳ねるように歩く人もいた。

浜の終わりには、ホテルが建ち、その奥の岬部分がこんもりと緑に覆われて神社の杜を形成している。この杜に、おそらく多くの粘菌が隠れ棲んでいるに違いない。

社務所に断りを入れ、駐車場横の暗い杜を探索してみることにした。

昨日は雨の中、林に入り込んで、大変な困難に遭遇した。ものすごい湿気と虫、とりわけ蚊にはうんざりだった。ほどほどで撤退し、今日に延期したのはいい判断であった。今日は雨も止んだし日差しも強く、蚊も少ないであろう。

と思ったら、杜に入った途端に、シマシマの蚊が集まってきた。

納得いかないが、さりげなくテレメンテイコ女史に道を譲りつつ、かつ虫除けが十分に本領発揮することを願いつつ、あまり深入りしないあたりで枯れ葉の上にしゃがみこむ。奥へ入れば入るほど、まだ昨日の雨の湿気がこもっているし、木の繁っているほうに近づくと、蜘蛛の巣に引っかかりそうだった。

もしこれが登山だったら、私は蚊だの蜘蛛の巣なんてものには目もくれず、平気でずんずん歩いていっただろう。

しかし、粘菌探しとなると、いろんな虫が気になった。登山は、ええい、控えい、控えおろう、と前のめりでその場をさっさと通り過ぎることができるのに対し、粘菌探しはじっとその場で停滞する必要があり、それだけ敵の攻撃に曝《さら》され続けなければならないからだ。

大の男が虫がイヤとか言ってるようでは情けない限りだけども、たとえばセミとかカナブンとかバッタとかダンゴムシといったような、ある程度固体っぽいやつはいいのだ。ゴキブリだって触りたくはないけど、戦いを挑むことはできる。そうではなくて、なんだかワシャワシャした、細い脚だけが立ち上がって歩いてるのとか、薄い羽ばかりでかくて胴体がよく見えないのとか、そういうのが精神的によくない。

冷静に何が一番イヤかと考えて、何といっても血を吸う蚊が一番最悪なのは明白だが、実害のない虫のなかで一番イヤなのは、極細の長い脚だけが数本集まって歩き回ってるアレである。よく見ると小さな小さな胴体が脚の上に乗っかっているのだが、一見すると細くて長い脚だけが歩いているように見えるアレ。

アレ

蜘蛛の一種かと思い、帰ってから〈蜘蛛、脚細い〉で検索してみると、蜘蛛と間違われやすいけれども蜘蛛じゃないザトウムシという生物だとわかった。人間にはまったく危害を加えないそうだが、あの長すぎる脚は、見ているだけで背中がぞわぞわする。同じようなタイプで、〈蚊、脚細い〉で検索すると出てくるガガンボも、最悪である。

脚が細くて長い虫は、そもそもの設計が間違っていると私は思うのだ。

哺乳類だろうと昆虫だろうと、生き物はまずしっかりとした体があって、脚や羽はそれからである。どんな生き物であれ、メインは胴と頭であり、手や脚や羽はサブというのはごくごく当たり前のことであろう。

にもかかわらず、ザトウムシやガガンボは、全体が脚や羽であり、胴はそれらを繋ぐジョイント程度のものに見える。やはり基本設計がおかしい。

そういう虫は、脚でも羽でも、少し触れただけでモゲそうであり、そんなにもろいのに、一度モゲたらどうにもならなさそうなところもイヤだ。

不幸にしてモゲてしまったあとの余生について、考えたことがあるのか。

モゲそう系、とでも呼ぶか。

そしてモゲそう系は、こっちにその気はなくても、何かの拍子にうっかりもいでしまいそうだからイヤなのだった。

んんん、こうして書いているだけで体が痒くなってきた。

そう考えると、粘菌を探して林の中に踏み込んでいく

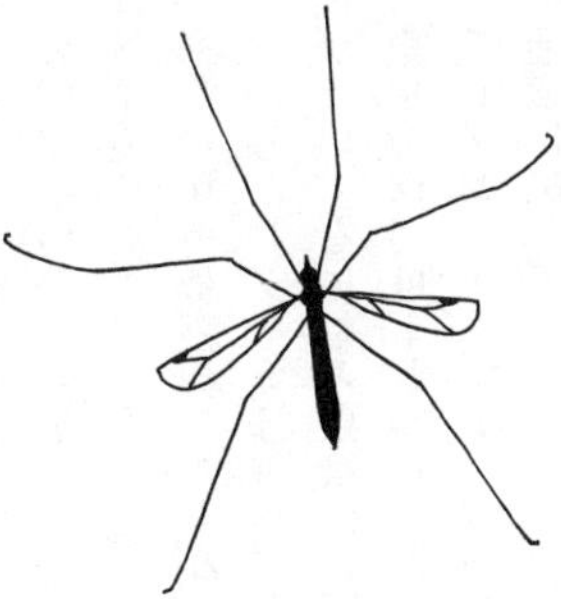

ガガンボ

植本さんや、南方熊楠はすごい。あと、粘菌図鑑の写真を撮ったカメラマンは、この湿気と虫の中でその場に寝そべったりして撮影したに違いなく、その情熱は尊敬に値すると同時に理解不能である。

あんな場所に寝転びたくない。

だがしかし、そうは言っても、何ひとつ見つけないようでは、はるばる和歌山まで来た甲斐がない。なにしろ東京の高尾山、いや、それどころか児童公園にもいるのである。だったら東京で探せばよかった、という話ではないか。

テレメンテイコ女史は、モゲそう系の存在に気づいていないのか、杜の奥のほうまで入って地道に探していた。

私も我慢して探してみることにしたが、見つかるのは菌糸体、つまり粘菌でない、カビのようなものばかりだった。ほかには枯れ葉をめくるたびにいろんな虫と虫と、それから虫。そのほか虫なんかもいた。どの虫も固体度があんまり高くないモゲそう系で、私が一歩歩くだけでも、そいつらの脚の2、3本は折れてるんじゃないかと思うと、身動きするのもイヤである。

もうこれは撤収したほうがいいのではないか。私が杜の中を歩き回れば歩き回るほど、虫の脚や羽がポキポキ折れたりバキッとモゲたりして虐殺しまくっているのではないか。

と、逃げ腰になりはじめたそのとき、偶然めくった枯れ葉の下に妙なものを発見した。あんまり妙なものは発見したくない気分だったが、見えたもんはしょうがない。

それは虫ではなく、菌的なものだった。しかも菌糸体とは違い、何かの卵のようにも、迷路のようにも見える。

ひょっとして、これは……粘菌ではないのか。

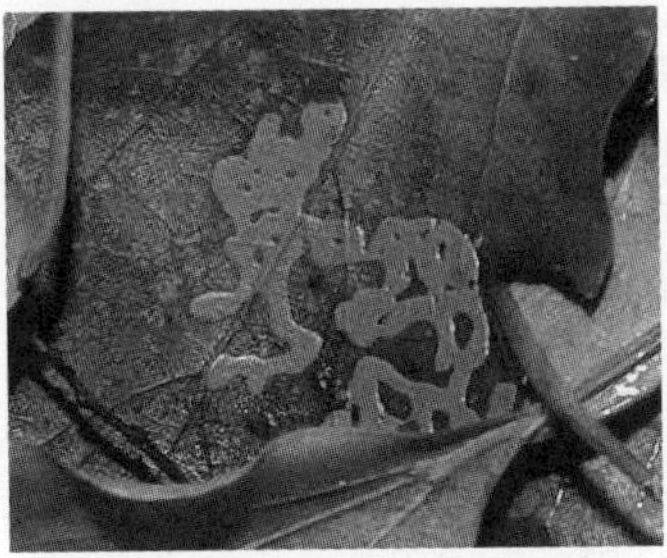

カラフルな子実体にはほど遠いが、粘菌の変形体に見える。

図鑑で調べてみると、まったく同じものは載っていなかった。しかし図鑑に載ってなかったからといって、粘菌でないとは限らない。この迷路的な形は、かぎりなく粘菌に近い気がする。植本さんも世界に粘菌は900種類いると言っていた。きっとこれは、図鑑に載ってない種類なのだ。

そうだそうだ、これは粘菌だ。

私のこれまでの努力に鑑《かんが》みれば、粘菌に間違いない。というか、粘菌でなければならない。

私はついに粘菌を発見した。

いやあ、いいなあ粘菌は。なんという感動的な色と形であろうか。

「うーん、あんまりパッとしないですけど、ほんとに粘菌なんでしょうか」

テレメンテイコ女史は懐疑的だ。

いいんだよ、私はこういう菌が見たかったんだよ。見たかったの!

そんなわけで、これ以上モゲそう系を大量殺戮する前に、とっとと杜から撤収した。

杜の外に出ると、日差しがきつかった。

しかしそんなことはまったく気にならない。

粘菌自力発見の偉業を成し遂げ、大満足だ。

われわれは、達成感を胸に、熊野三所神社の境内を出て、海沿いの道を散策した。海に突き出した神社の杜のまわりを、先端まで遊歩道が続いていた。

杜の縁をめぐって歩きながら、ひょっとしていい場所があれば、あらためて粘菌探すのもやぶさかでなさそうなテレメンテイコ女史を横目に、私はちらちらと杜に目をやり、やがて杜が岩に変わると、急速に安心しながら、岩じゃあ仕方ないな岩じゃあ、と岩モードへシフトチェンジしていった。

自分から探しに行こうと言い出しただけあって、テレメンテイコ女史は杜の中で粘り強かった。今も「ちょっと来るのが早かったのかもしれませんね」なんて言って残念がっている。

「植本さんも、雨が止んで2、3日後がいいって言ってましたし」

たしかにその頃になれば、湿気ももう少しましになっているだろうが、それでもモゲそう系はお構いなしに、ワシャワシャ飛んだり歩き回ったりしているだろう。そんな場所に用はない。

それより、今は眼の前に広がる青々とした太平洋を見ていたい。

太陽がじりじりと暑かったが、私はそれで十分気持ちよかった。見事な梅雨の晴れ間というべきであった。

遊歩道を歩いていくと、岩を回りこんだ先で崩れていて、通行止めになっていた。

海辺には大きな岩や石がごろごろ落ちていて、私はなんとなく石を拾ってみようかと思ったけれど、いい感じの石は少なく、ブロック大のゴツゴツした石が多かった。

と不意に、先日ある人に教わったロックバランシングのことが頭をよぎった。

ロックバランシングというのは、その名の通り、石をバランスよく積む行為で、これが最近世界的に流行っているのだという。

石を積んでどうするかといえば、どうもしない。石があったら積んでみて、うまく積めたらうれしいという、ごく原始的な遊びだ。

そんなわけで、石をいくつか拾い、その場にしゃがみこんで積んでみることにした。

そうしてできたのが、これだ。

おおお、小さな石の上に大きな石が載っている。なんというバランス感覚！
われながら才能があるのではないか。
と思ったら、テレメンテイコ女史も、どーんとこんなのを積んでいた（次頁上）。
テレメンテイコ氏も、なかなかやる。

「面白い！」と氏。

ロックバランシングでは、小さい石の上に、大きな石を積むところが重要である。以前、そう教えてもらった。取材で達人にインタビューしたことがあるのだ。達人によると、美しさとありえなさが大切とのこと。その意味で、小さい石の上に大きな石という形は、ありえなさで高得点が期待できる。

誰か採点しているのかは謎だが、私も負けじとさらに積んでみた（下）。

上に扇を開いて載せたような、アホっぽさがよくないだろうか。さらに、できる限り積んでみたのが、これ（次頁）。

何かカラクリがあるのでは、と疑われるかもしれないが、カラクリは何もない。

実は、やってみるとわかるのだが、これ、結構簡単なのである。やったことがない人には、ありえなく見えても、ゆっくり取り組めば誰でもこのぐらいはできるのだ。

コツは、石と石がガチッとハマるまで、しつこくやること。理由はわからないが、石を重ねてみると、たいていそこだけロックがかかったようにガッチリと安定して動かないポイントがある。石を積んでいるというより、上の石で下の石を押さえつけている感じだ。そういう意味で、上の石が重いほど安定するのだ。

テレメンテイコ女史もみるみるハマって、いくつもチャレンジしては写真を撮っていた。

私も気分が乗ってきて、積んでは壊し積んでは壊して遊んだのである。はるばるロックバランシングをするために和歌山に来た甲斐があった。

和歌山といえば南方熊楠。南方熊楠といえば、ロックバランシングである。熊楠は、ロックバランシングのことは知らなかったかもしれないが、知らなくてもきっと好きだろう。

というわけで、長々とお送りした和歌山ロックバランシングの旅、これにて終了である。

栃尾又《とちおまた》

1　原稿地獄

今回は番外編。というのは、旅行ではなく、仕事の話なのである。

仕事が忙しい。

あまりに忙しくて、だんだんストレスが溜まってきた。

6月末〆切の原稿が間に合わず、7月末まで延ばしてもらって、また間に合わず、今は8月。さすがにここまで遅れるのは滅多にないことであり、いい加減になんとか書き上げなければならないが、そうやって焦れば焦るほど集中できない。

何かいい方法はないものか。

たとえば、どこかでカンヅメになるのはどうだろう。

宿に籠《こも》って原稿を書くのだ。

籠って書くなら仕事場で十分では、と思わなくもないが、仕事場には本がたくさんあって、どうにも仕事が捗《はかど》らない。つい気になる本を手にとって読み始めてしまうのだ。ここは、環境を変え、気持ちを新たにして、目の前の難局に立ち向かいたい。

それでどこに行こうかと考えた。

おうおう、結局旅行に行くんかい、などとここでツッコんではいけない。どこにも観光に行かないのだから、カンヅメは旅行とは似て非なるものである。その旨、誤解のないよう、あらかじめ申し添えておく。

で、籠るのは温泉宿がいいのではないかと考えた。

テレメンテイコ女史に概要を説明すると、怪訝《けげん》そうな答えが返ってきた。

「温泉？」

「そうです。温泉宿でカンヅメになります」

「温泉で仕事するんですか？」

「仕事します。なので今回テレメンテイコさんと出かけてるヒマはありません」

「それって、ただ温泉に浸かるだけじゃないんですか？　本当に仕事するんですか？」

「何を言うか……熱いの苦手だからぬるい温泉がいいかな……」

「あれですか、文豪体験みたいなことですか？　カンヅメになって編集者から催促の電話とかされてみたいとか……」

「催促されたいライターなんていません！」

「最近はそういうホテル宿泊プランもあるらしいですよ。作家気分でカンヅメ体験みたいな」

「……」

「いいでしょう。わかりました。ではひとりでどこかの温泉に行って、文豪気分に浸ってきてください」

なんだか趣旨が正しく伝わっていない気がする。こっちは別に文豪気分に浸りたいわけではなく、忙しいから旅行中も仕事せざるを得ないという決死の覚悟なのである。

だがまあ、いずれにしても許可は出たので、温泉宿をあれこれ調べて……、もとい、温泉宿というから遊びのように思われるのだな、レンタル仕事場とか、原稿執筆用合宿所とか、何か別の、真実を的確に表したネーミングにするべきだ。そこで、温泉＝地獄とかけて、原稿地獄と呼ぶことにする。

原稿地獄……。

なんという恐ろしさであろうか。

だいたい私は風呂が嫌いなのだ。熱がりなので、すぐにのぼせる。一般に温泉というと、みんなうらやましがるけれど、本人にとっては苦行と言ってもいいのであり、仕事はするわ、温泉には入るわ、で二重苦と言っても過言ではない。

原稿地獄とは誰が言ったか知らんが、よく言ったものである。

それで苦手な熱い温泉は避け、ぬるい温泉をネットで探して、新潟の栃尾又温泉に目をつけた。山中の一軒宿で、温泉街もない、うっかり街に出てサボったりできない場所だ。己に厳しい私には、こういう宿が適当である。

源泉は35・4℃と、とてもぬるいようで、その点も安心して仕事に集中できる。

こうして、新潟県にある栃尾又温泉という名の原稿地獄へ向かうことになった。

上越新幹線を浦佐で降りると、緑の多い気持ちのいい風景が広がっていた。

今回はカンヅメが目的だが、駅で旅行気分を味わうぐらいは許されるだろう。私は大きくひとつ深呼吸をした。

そうして宿の送迎車を探して駅の構内を歩いていると、壁に貼られた大きなポスターが目に留まったのである。

おお、これは……、
私は思わず呟《つぶや》いた。

石川雲蝶《うんちょう》なる名工の手で寺の天井に彫られた、「道元禅師《どうげんぜんじ》猛虎調伏之図《もうこちょうぶくのず》」と呼ばれる彫刻の写真ではないのか。

前々から神社やお寺に彫られたレリーフに興味があり、石川雲蝶の名のこの作品も一度見てみたいと思っていたのだ。

たしか新潟のほうだと聞いていたが、この近くの西福寺《さいふくじ》という寺にあるらしい。

行き方をチェックすると、バスはないからタクシーということになるようだった。浦佐駅からタクシーで10分。

10分！

往復20分、見学時間を合わせても1時間程度だ。タクシー乗り場で、運転手に西福寺の定休日を尋ねると、年中無休とのこと。

年中無休！

いや、もちろん今回はカンヅメが目的であるから、あくまで今後いつか来たときのために聞いたのである。

そうして鋼《はがね》のような強靭な意志で、宿の送迎車に乗った私だ。

栃尾又温泉は、青々とした田園地帯をしばらく走った山間のこんもりとした森のなかに建っていた。すぐ横には細くてきれいな沢が流れ、周囲の杉木立は明るく開けて、籠ってはいるけれども陰気ではない。一軒宿なので、あたりにはバス停と小さなお社《やしろ》ぐらいしかなく、出歩ける場所はまったくなかった。宿以外に、映画館とか、秘宝館とか、それどころか、お土産屋の一軒も、小さな喫茶店すらない。何を好き好んでわざわざこんな辺鄙《へんぴ》な……こんな静かな場所に……わざわざ来られてとてもうれしい。何しろ鋼のように意志強靭な私であるから、原稿を書く以外は何もやる必要はないのだ。

通された部屋も簡素で清潔、仕事しやすそうな雰囲気だった。

私はさっそく温泉に向かった。仕事に取り掛かる前に、まずは温泉に入って気持ちを切り替え、集中力を高める作戦だ。

かつては熱い風呂が苦手で、脱いだり着たりも面倒だし、長らく温泉嫌いだったのだが、数年前に日本各地の温泉を巡る旅をしてから、抵抗感が減った。一度入ってしまえば、次は出るのが面倒くさいこともあって、熱くない温泉であれば、だらだらと入っていられる。

このときも、湯船に浸かると、じっくり原稿について考えることができた。今書いているのは、インドのラダックを旅したときの話で、日本の温泉に浸かってインドのことをあれこれ考えるのは変な感じであった。だったらインドに行って書いたらどうかと思うけれども、そんな予算はないからしょうがない。

お湯はぬるく、なんだかプールに来たような感じがした。こういう温度では物足りない人もいるかもしれないけれど、私にはちょうどいい。

浴室に客はただひとり。浴室の窓からは、沢の向かいの森と青い空が見えていた。

はあ〜、極楽ごくらく……じゃなかった、原稿地獄である。私は今、原稿地獄にいる。鋼の意志で原稿地獄に耐えているところだ。

何に耐えているのか、と言えば、眠気に耐えている。なんという地獄だ。このまま寝たい。……あ、いや、寝たいというのは言葉のあやで、実際は、風呂場でも原稿が書きたいほどの私という意味の反語的表現というか、そのような何かである。ともかく私は温泉を半時間ほどで切り上げ、部屋に戻った。

そうしていよいよ仕事にかかる。

ついに地獄の核心部がやってきた。

今回はこのために、ノートパソコンを持ってきている。

これは私には珍しいことだった。

そういうものは持たないで旅をするのが私のスタイルなのである。旅先でメールのやりとりができず多少不便だが、わざわざ重いノート持参で旅をする気にはなれない。

しかし今回に限っては、原稿を書くのだからつべこべ言ってはいられない。

パソコンを開き、とりあえずメールチェックしてから、本題にとりかかった。

そしてじっくりとパソコンに向かうこと1時間余、静かな環境で思いのほか集中でき、ロシアで発見された謎の巨大穴について知識を深めることができた。トナカイの放牧中に見つかったというその穴は直径が80メートルもあり、深さは不明だというから恐ろしい。いったいどうしてそんな穴ができたのだろうか。

科学者がいくつかの説を挙げているが、はっきりしたことはわからないままだ。

って、こらこら、そんなの見てる場合か。

インドはどうなった。ロシアの巨大穴が、いったい何の関係があるというのか。

同時にカリフォルニア沖の深海で発見された謎の生物についても見識を深めたが、それも関係ない。

そんなことよりインドだ、インド。インドといえばインド洋に消えたとされるマレーシア航空機の行方や、そういえば、前から気になっている小笠原諸島にできた新しい島の成長度合いなどについても情報を収集、気がつけば、世界中の事件や、謎の生物や、異常現象に関して、深い親しみを覚え始めていた。

……。

阿呆《あほう》め、ふざけるのもいい加減にしたほうがいいぞ。

これだから、インターネットはイヤなのだ。

今それを知る必要なんか全然ないのに、つい調べてしまう。

それだけではない。ＡＣミランで本田がゴールを決めたと聞けば、ハイライトシーンぐら

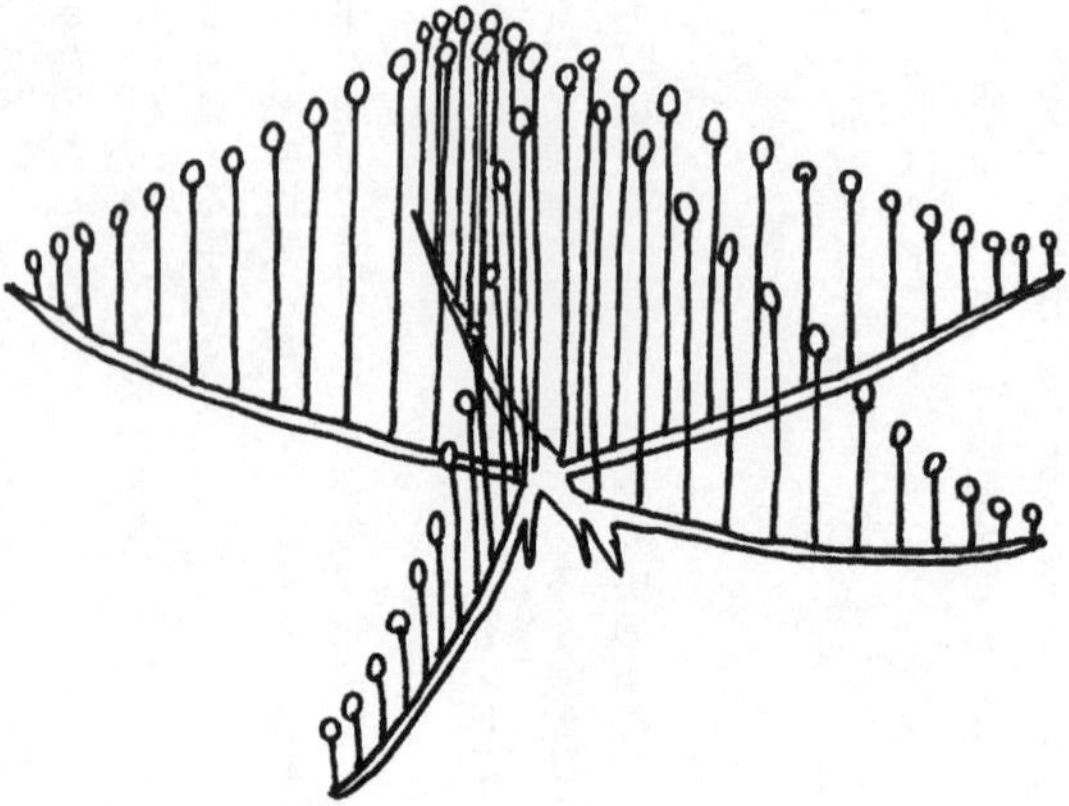

カリフォルニア沖で発見された謎の生物

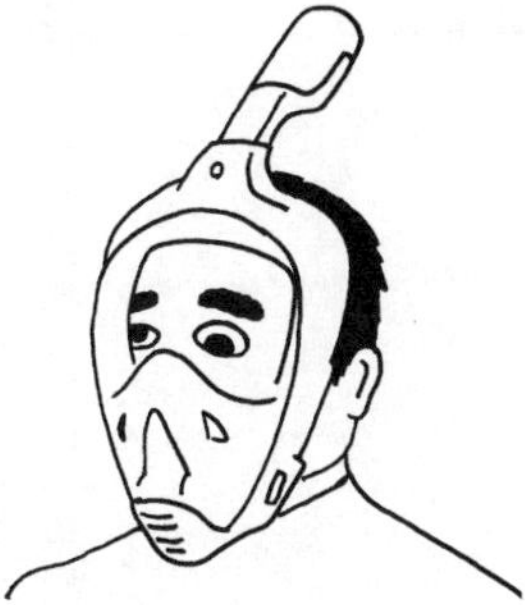
鼻と口で呼吸できるシュノーケルマスク

いは見てみたいし、鼻と口と両方で呼吸できるシュノーケルマスクが発売なんてニュースがあると、どんなのか一応チェックしておきたいし、そのほか、ちょっと大きな声では言えないようなそういうような映像も、ときどき見てみたい。

って、ダメだダメだ。何をやっているのか。

気がつくと、さっきは1時間余と思ったのが、瞬く間に2時間が過ぎていた。

いいのか、そんなことで。

こういう事態を避けるため、私はずっと仕事場のネット回線を契約しないようにしてきた。いまだガラケー専門で、スマホを使わないのも、仕事中にあれこれ見てしまわないようにという配慮というか、予防策なのだ。

そうまでして気をつけていたのに、この体たらく。

んんん、気持ちを切り替えるため、散歩にでも出ようかと思ったものの、行くところもない。仕方ない。もう一度温泉に入って仕切りなおしだ。こういうときは気持ちだけ切り替えようとしても、簡単には切り替わらない。一瞬でも環境を変えることが重要だ。

そうしてまた35・4℃の温泉に浸かって、インドについて考えた。

インドインドインド。インドではないが、そういえば最近ウクライナやベラルーシで、世界の終末を告げる正体不明の怪音が街に響き渡っているらしい。実際その音がユーチューブで公開されていたが、金属の扉が軋《きし》むような不気味な音で、世界の終末の音と言われればたしかにそんなふうに聴こえたのである。いったい全体あれは何の音なのか。

……んあああ、世界の謎が頭から離れない。

何が正体不明の怪音か！

インターネット恐るべし。人類はそろそろ、インターネットがわれわれの敵だということをはっきり認識したほうがいいと私は思う。

2　西福寺～避けがたい運命の導き～

石川雲蝶は、文化11年（1814）、江戸で生まれた。

仏壇を作りながら、彫工の修業をし、天保12～13年（1841～42）頃、越後の三条にやってきたといわれる。本成寺《ほんじようじ》に彫刻を施し、いったん江戸に帰ったが、弘化2年（1845）再び三条に戻り、その後多くの寺社に作品を遺している。

なかでも代表作と評されるのが、魚沼市西福寺開山堂の天井彫刻「道元禅師猛虎調伏之図」である。

私は数年前に木原尚《たかし》『越後の名匠　石川雲蝶』（新潟日報事業社）という本を読んで、雲蝶のことを知り、いつの日か「道元禅師猛虎調伏之図」をぜひ見に行こうと心に決めたのだったが、その日がこんなに早く来るとは思わなかった。

浦佐の駅からタクシーに乗ると、田んぼの中に、ゴンドラの駅が見えてきた。どこかの山にロープウェイでもかかっているのかと思ったら、それは駅でもなんでもないただの家である。よく見ると、そこらじゅうにゴンドラ駅状の家が建っている。

やがてものすごいゴンドラ駅状建築が見えてきたと思ったら、そこが西福寺であった。

どうやら豪雪地帯のため、住宅はどこも屋根を斜めにしてあるのらしい。西福寺は、茅葺き屋根なので、お堂の上にさらに新しい大きな屋根をかけていて、それがますますゴンドラ駅のようなのだった。

ともあれタクシーを降り、いよいよ石川雲蝶の世界を体感できるときがやってきた。わざわざこのために新潟まで来た甲斐があったというものだ。

今回の石川雲蝶「道元禅師猛虎調伏之図」を見に来るにあたっては……えっ、何？　何か用ですか？

缶詰？

独身時代は、仕事から帰ってくると米だけ炊いて、シーチキンの缶詰と冷奴と浅漬けとお豆さんでよく晩御飯にしたもんです。正直、冷たい食品が好きなんですよ。浅漬けは白菜がいいですね。あとデザートにフルーツを切ったりして、とにかく全部冷たいんです、ははは。

……って、あなたの目も冷たいですね。何でそんな目で私を見るんですか。

はあ？　温泉で原稿地獄……？

たしかに、さっきまで私は温泉におりました。栃尾又温泉というぬるい温泉で、山間の一軒宿がなかなか味があって、西福寺への拠点として、それはもううってつけの宿でした。

そうです。私はさっきまで温泉宿の居心地のいい部屋で、黙々とパソコンに向かっておりました。ちょうど〆切も迫っていたというか、とっくに過ぎていたこともあり、原稿を書いていたわけです。

ところが、パソコンはインターネットに繋がれているため、ロシアの巨大な穴とか、ヨーロッパ各地で鳴り響く世界の終末の音について、つい調べてしまうというかクリックしてしまうというか、どうにも仕事が進まないので、パソコンを切ることにしました。

インターネットに邪魔されるのであれば、最初からネットに繋がなければいいのです。

そうして原稿は手書きである程度下書きし、それから入力することにして、執筆を再開したところ、T社編集のKさんが訪ねてきたのでした。

この文章はもちろんK社連載用に書いているわけですし、温泉に持ち込んだ〆切を過ぎた原稿はC社のものだったので、T社は全然関係ない。それなのにKさんがやってきて、ここで時代劇を撮影するというのです。

それで納屋《なや》を借りて撮影を始めたわけですが、道路のアスファルトがばっちり写ってしまっており、そんな雑なことでいいのかなKさん、と思わず口出ししますと、Kさんは不機嫌になってバタビアの大使館に行くと言い出し、スマホで場所を検索したところ大使館は品川区大森のビルに入っていたので行ってみましたところ、そこはなんだか見覚えのあるビル。かつて自分が就活に来た会社が入っているビルでした。おお、懐かしい。

しかし担当者には会えなかったため、外に出てみますと、大きなショッピングモールがあって、その入口ゲートに巨大ロボットが2体、仁王のように立っています。その手前の広場で、恋人のできた女が、カステラでできた巨大なキューブの中に沈んでいくという斬新なショーをやっているのが見えました。

とまあ、短い時間にいろんなことが起こって、はっと気がつくともう夕方で、気合いを入れに、あらためて温泉に入って出てきたところ、そこらじゅうに子宝の湯と書いてあるのに気づいたのでした。

ん？

そういえば、何組か若い夫婦が泊まっていたのを思い出しました。あとは老夫婦やおばあちゃんがいるぐらいで、男ひとりでやってきているのは私だけです。

そうなのか、ここは子宝の湯だったのか。

私は、そんな温泉に、男ひとりで泊まりに来てしまったのでした。

宿のすぐ横には、二股の幹を跨《また》ぐと子どもに恵まれるという子持ち杉なる天然記念物もあったりして、見物しながら、だんだん恥ずかしくなってきました。自分がおっさんでまだよかった。精力旺盛な若い男だったら、一層怪しげだったにちがいありません。

まったく、なぜ私はよりによってこの温泉に泊まりに来たのでしょうか。

詳しくは忘れましたが、この近くに石川雲蝶の彫刻で有名な寺があり、そこに行く計画だったような気がします。

ということで、温泉を飛び出して今、西福寺。

こうしてみると、実に避けがたい運命の導きによって、私はここにいるわけだった。

西福寺は、小さな仁王門とその奥に池があり、その池を囲むようにして本堂と開山堂が並んでいた。その開山堂に、防雪用の巨大な三角屋根がかかって、それがゴンドラの駅のように見える。その光景はなんとなく興ざめと言えばそうなのだが、そうしなければ雪の重みで開山堂は潰れてしまうかもしれず、背に腹は代えられない処置だろう。

拝観料を払って本堂にあがり、寺の全貌を紹介するビデオを眺めたあと、そのビデオで取り上げられていた、廊下の板張りに施された埋め木細工を見た。床板に空いた節穴を、ひょうたんや木の葉、花瓶、船などの形を模した木で埋めたもので、雲蝶のちょっとした遊び心が感じられるわけだが、床板のなかからそれらを探し出すのが面白い。

そうして廊下を突き当たったところに、曹洞宗開祖、道元禅師を祀った開山堂がある。

ここだここだ、ここに来たかったのだ。

さほど広くない堂内は、正面が一段高くなっていて、天井といい欄間といい、そこらじゅうが彫刻で埋め尽くされ、一見してうじゃうじゃしていた。

昇り階段の両側にも見事な鬼退治仁王像がそびえ、その造形も仏像好きにはたまらない迫力があるわけだが、それら数ある彫刻のなかでも目を惹くのは、やはり三間四方の天井一面に彫られた「道元禅師猛虎調伏之図」である。

彫刻は彩色もされて、とても豪勢。彫られているのは、道元禅師が行脚の折、襲ってきた虎に杖を投げつけ、それを龍に変えて追い払ったというエピソードである。

写真撮影はできないので、ざっくり絵で描くと、こんな感じだ。

右上の岩に座っているのが道元で、中央に龍、左下に尻尾を巻いて逃げ出す虎。実物は、鷹や猿、亀、鯉、岩つばめなどいろいろな動物が彫られていて、私の絵を見るだけでも、恐ろしげな龍の迫力が伝わるはずだ。

だいたいお堂の天井をこんなに彫るというその発想がすごい。

重すぎるだろ、天井。

ふつうは絵を描くものじゃないかと思うのである。鳴き龍とか。

この天井は、下で落ち着いてお経など読んでいられない感じだ。落ちてくるとは思わないまでも、圧倒的な存在感で、上からぐいぐい押し潰される気がする。

天井以外にも、向拝《ごはい》（仏堂などで正面の階段上に屋根を張り出した部分）や欄間にいろんな場面が彫られていて、それぞれのエピソードについて聞くのも面白いが、何よりこうした社寺彫刻はほとんどが半立体に彫られるため、2次元を3次元に表現しようとしたその工夫に、言いようのない味わいが感じられる。奥行きのないところに奥行きを出すため、斜めに彫ったり、遠くのものを小さく彫ったり、そこに微妙な影がつくことによって、見る角度によりそれが不自然な陰影となって全体の印象を歪んで見せたりする。そしてその歪みのおかげで、かえって彫刻は3次元すら超え、夕暮れのひたすら長い影を見るときに感じるような、4次元の異界感を獲得するのだ。

欄間に彫られた「道元禅師《どうげんぜんじ》一夜《いちや》碧巌《へきがん》」は、道元が写経をする場面だが、机や香炉など調度品が細かくリアルに表現され、そのリアルがやっぱり斜めに歪んでいて、妖怪的な見応えになっていた。

そのような特徴は何も雲蝶だけではないと思うけれども、さして広くない開山堂の中で、4次元に囲まれるのは実に格別な気分であった。

いくらでも見ていられそうだったが、実際にはずっと上を向いていないといけないので30分も見ると首がだるくなり、そのへんで私は西福寺を退出して、帰路についた。

石川雲蝶の存在を知ったのは、4、5年前のことで、こんなすごいものが、これまで全国的にさほど知られていなかったことに驚く。歴史ある場所なのに、ずっとスポットが当たっていなかったのだ。

西福寺だけでなく、最近こういう、昔からあったけれども知られていなかったすごいものがいろいろと発掘されていて、日本の観光地図が変わってきた気がする。そう考えると、あらためて日本全国を見直してみれば、まだまだ面白い観光スポットがありそうである。

原稿なんか書いてる場合じゃないと思う。

立山黒部《たてやまくろべ》アルペンルート

1　テレメンテイコ女史、極楽浄土へ旅立つ

東京から長野の信濃《しなの》大町《おおまち》へ向かう特急あずさの車内で、テレメンテイコ女史が爆睡している。なんでも昨夜3時間しか寝ていないそうだ。仕事が忙しいのらしい。

おかげでトゲトゲした絶対零度の会話に悩まされることもなく、私は安心してこれから向かう立山黒部アルペンルートについて思いをめぐらせていた。

立山黒部アルペンルートといえば日本有数の観光地だが、私は行ったことがない。旅連載で取り上げることも何度か考えたことがあるものの、通常の観光客には想像もつかない独自の視点でぐいぐい迫れるとか、知られざる秘密のスポットがあるというならいいけれど、とくに独自の視点はないし、秘密のスポットもなく、行くとするならまったくの観光でしかないので、もし当連載で取り上げたいと言えば、当然テレメンテイコ女史からの、

「で、行って何するんです？」

という厳しいチェックが入るのは間違いなかった。

「ええと、それはですね……、黒部ダムを見学したり、室堂平《むろどうだいら》を散策したり……」

「普通の観光じゃないですか」

「いや、でも黒部ダムといえば日本一のダムですし、立山といえば、日本三大霊山のひとつであり……、いや、それよりトロリーバスとかロープウェイとか、いろんな乗り物に乗って山を越えていくという面白さというか……、ほとんど歩かなくて山を越えられる珍しい場所というかですね……なんというか……一口に観光と言っても、ああでもないこうでもない……」

「アルペンルートなんてテレビでも普通にやってるでしょう」

「……」

「却下！」

こういう展開が実に容易に予想できた。いつも適当に行き先を決めているようであるが、女史のハードルは決して低くないのである。

ところが、実際におずおずと打診してみると、想定外の返事が返ってきた。

「立山黒部ですか、なるほど。立山に『まんだら遊苑《ゆうえん》』っていう場所があるんですよ。ご存じですか？」

「『まんだら遊苑』知りません」

「行ってみたいと思ってたんです。そこも寄っていきましょう」

って一発オッケー。意表だ。意表を突かれた。

『まんだら遊苑』をネットで調べてみると、寂れた現代美術の公園みたいな感じで、なんだかよくわからなかった。よくわからなかったけども、そこに寄れば立山黒部に行けるというなら、立ち寄るのはやぶさかではない。

「行きます行きます。『まんだら遊苑』行きます」

ということで女史の気が変わらないうちに、素早くスケジュールを確定したのだった。

信濃大町で下車し、北アルプス方面を見やると、山上に雲が垂れ込めていた。

「山の上は、ガスで何も見えないかもしれませんね」

そうふってみたが、テレメンテイコ女史はほとんど無口である。顔色も青白く、あまりの疲れに、歩きながら寝ているようだった。

信濃大町からはまず路線バスで、関電トンネルトロリーバス（2018年に運行終了）の出発点扇沢《おうぎさわ》へ向かった。平日だというのに、路線バスは年配者で満員。臨時便も出すという。最近、有名な観光地はどこへ行っても人がいっぱいである。

立山黒部アルペンルートは、扇沢からトロリーバス、ケーブルカー、ロープウェイなど、さまざまな乗り物を乗り継いで、富山県の立山まで北アルプスを越えていく。なるべく排気ガスの出ない乗り物を使い、環境を守ろうということだと思うが、観光する側としては、いろんなタイプの乗り物が楽しめて面白い。

扇沢で路線バスを降りると、そこでまずは関電トンネルトロリーバスに乗り換えた。

通常のバスと違って架線から電気をもらって走るため、車体の上にパンタグラフ的な長い棒がついており、少しワクワクする。私は以前、中国でトロリーバスに乗ったことがあるが、国内では珍しい。日本でトロリーバスに乗れるのは、ここと、同じアルペンルートの立山トンネルの2ヶ所だけ。現存するトロリーバスに今回の旅ですべて乗ることになる。

今回は観光客の数に合わせて、3台のバスがいっしょに走るようだった。9月の平日でそれだと、お盆休みなどは大変だろう。時刻表ではスムーズに繋いで行けそうに思えても、実際は混んでいて目当ての便に乗れない場合も多く、ちゃんと目的地までたどり着けるかどうかやきもきすることもあるらしい。ケーブルカーまでは乗れたけど、その先のロープウェイは終電に間に合わなかった、なんてことになったら、山の中だからどうしていいかわからない。駅で雑魚寝《ざこね》だろうか。

今にも倒れそうなテレメンテイコ女史とともに、トロリーバスに乗り込む。

日本ではこのルートでしか乗ることのできないトロリーバス、乗り込んでみると中身はただのバスだった。少しは、珍しいものに乗ってる感があるかと期待したが、徹頭徹尾ただのバスである。

そもそも、トロリーとは何なのか。

餡かけ？

「トロリーバスと言っても、乗ってしまえば変わりませんね」

テレメンテイコ女史に話しかけてみたが、何かむにゃむにゃした返事が小さく返ってきただけだった。だいぶ弱っている。もうすぐ死にそうな感じと言っても過言ではなかった。いつも冷酷無比な発言で私を苦しめてきた女史とはいえ、もうすぐ死ぬとなると、かわいそうな気がしなくもない。今回は行き先がちょうど立山でよかった。立山は阿弥陀如来の住む山であり、山の上に極楽浄土があるとも言われている。今思えば『まんだら遊苑』に行きたいとか言っていたのも、死期を悟ってのことだったのだろう。仕事上の付き合いしかなかったが、これも何かの縁であるから、女史には安らかに成仏してほしい。

やがてトロリーバスが出発し、すぐにトンネルに入った。

トロリーバス

関電トンネルトロリーバスというぐらいだから、トンネルなのは承知の上だが、やっぱり面白くない。トロリー感もないうえに、景色も見えない。トロリー感とは何なのかわからないが、とにかく乗り心地はただのバスであり、窓を見ても、ゾンビのようなテレメンテイコ女史の顔が映っているだけだった。

そしてそれ以後ずっとトンネルで、終点もトンネルの中。だったらべつに地下鉄でよかったのではないか。

到着したところは黒部ダム。

黒部ダムといえば日本一の高さを誇る巨大ダムであり、高いということはつまり、それだけ谷が深い、急峻《きゅうしゅん》な山奥にあるということだった。このルートがいいのは、こうした山奥のダムや、立山の高原まで、乗り物に乗るだけで誰でも行けることである。今もＪＲの駅から、路線バスとトロリーバスに乗っただけで、ここまで来てしまった。楽チン極まりない。

バスを降りて、トンネルから出れば、黒部ダムが見えるのかと思ったら、展望台はここから階段を２２０段上らなければならないと書いてあった。

「テレメンテイコさん、２２０段上れって書いてますよ」

「……ええっ」

もうすぐ死ぬかもしれないのに、なぜそんなことまでしなきゃいけないのか、と不満げな表情の女史。

さすがにかわいそうになり、

「ま、220段ぐらい平気ですよ」

とカツを入れ、先頭切ってガシガシ上ってみせた私だ。

「張り切って上りましょう」

だいぶ上ったところに湧き水があり、飲むとうまそうだったが、そんなことよりその先まだ100段もあると書いてあって、いよいよこれがテレメンテイコ女史の死に水になるのかと胸がいっぱいになった。そして瀕死の状態でここまでふらふら上ってきたテレメンテイコ女史は、柄杓《ひしゃく》で湧き水をすくって口に含み、そのまま死ぬのかと思ったら、

「あと100段……」

と呟《つぶや》いて、100段上った後に死ぬようだった。

思えば、なぜ最初からトロリーバスでそこまで上がってしまわないのか。何もあと220段分残しておくことないのではないか。

やっとの思いで上り切ると、展望台から黒部ダムの巨大な姿が、どーんと眼下に眺められた。

おお、実にありきたりな感想だが、でかい、めっちゃでかい!

湾曲したコンクリートの巨大な壁から、大量の水が滝のように放出されている。

テレメンテイコ女史も後から上ってきて、ダムを見下ろし、目を見開いて、辞世の句でも詠むのかと思えば、カメラを取り出し、写真を撮っている。

死ぬどころか、少しずつよみがえってきているように見える。さきほどまでは雲に隠れていた太陽が、だんだん顔を見せるようになり、テレメンテイコ女史にも日光が降り注いで、エネルギーが充塡されているようであった。

そしてレストランで名物ダムカレーを食べる頃には、だんだん元気になって目も据わり、「宮田さんて、工学部の土木科出身ですよね。黒部ダムについて何か面白いコメントないんですか」と、冷酷な物言いが復活していた。え、何、面白いコ

黒部ダムの虹

メント？

２２０段と言わず、１０００段ぐらい上らせてとどめを刺しておくべきだった。

黒部ダムの上を歩きながら川下方向を見下ろすと、放出された大量の水に虹がかかって、たいそう美しかった。しかし、美しいだけで面白くはないので、私は言葉に窮したのである。

2　山の良し悪しは、山肌をゴロゴロ転がってみたいかどうかで決まる

黒部ダムを渡ると、ケーブルカーの乗り場だった。

黒部湖から黒部平まで、標高差３７３メートルを約５分で上る。

ケーブルカーの面白さは、急斜面を上ったり下ったりするときの、スリリングな眺めだが、これは全線地下を走るタイプで、景色は全然見えない。

ケーブルカーだから駅のホームが階段になっており、テレメンテイコ女史は「また微妙に階段上るんですね」と複雑な表情をしていた。

立山連峰の主峰雄山《おやま》の山頂近くまで乗り物を乗

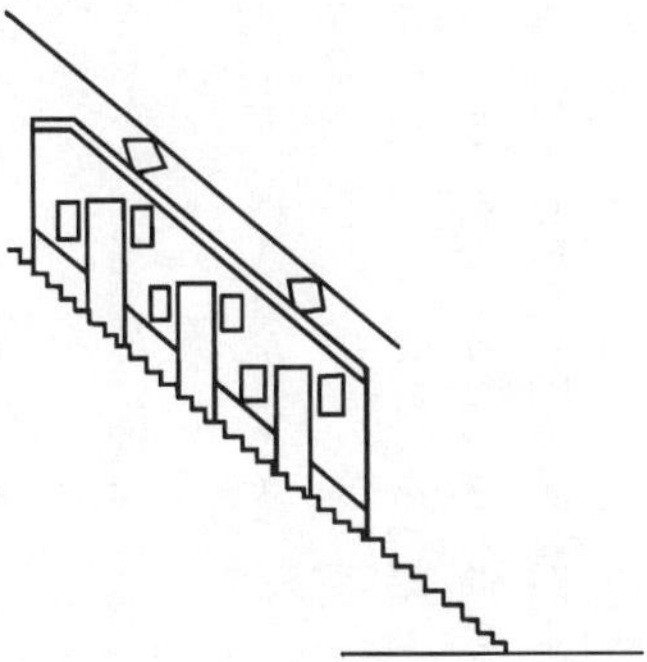

ケーブルカー黒部湖駅

り継いで行けると言っても、完全バリアフリーというわけではなく、乗客は駅ごとに、それなりに階段を上らなければならないのだった。

　乗り込んで動き出してみると、地下式のケーブルカーだから、当然外が壁である。ひたすらコンクリートの壁。

　仕方なく壁を眺めて、いやあ、この殺風景なコンクリートの継ぎ目がナイス……って、知らんがな。これ窓いるのか？

　地下鉄にだって窓はあるわけだから、まあ、あってもいいんだけども、顔を出せば即座にずる剝《む》けそうなぐらい壁が迫っているので、私の脳裏に、ある恐ろしい乗り物の記憶がよみがえってきた。

　それはアメリカのセントルイスにある、ゲートウェイアーチ・トラムである。

　ゲートウェイアーチというのは、セントルイス市のシンボル的モニュメントで、高さ192メートルの大きな円弧形の建造物だ。

　この建物は意外にもてっぺんまで上ることができる。どうや

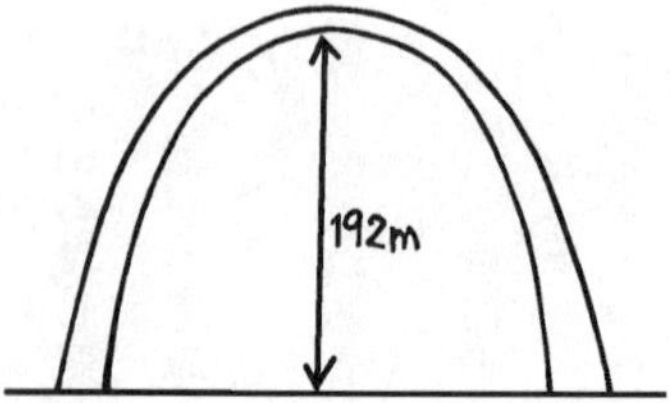

ゲートウェイアーチ

って上るのかといえば、中にケーブルカーのようなものが走っていて、ガタゴト上っていくのである。といっても、傾斜が一定でないため、観覧車並みの小さなポッドみたいなものに観光客を乗せて、アーチ内部の狭い空間を、ぐいぐい引っ張り上げるような仕組みになっている。

問題は、そのポッド内がとても狭いことだ。ぐるりと中心を囲むように5人分のシートが設置されているのだが、天井が低いため、乗客は立つこともできない。それどころか、座高が高い客は、座っていても前屈《まえかが》みになる必要があった。そしてそのままじっと3、4分。観覧車以上に狭苦しいうえに、たったひとつの窓から見えるのはコンクリートの壁。だんだん酸素が薄くなっていくような気もして、次に乗るときは人工冬眠させてほしいと思ったぐらいだ。5人が膝つき合わせて前屈みの体勢でじっと座って耐える光景は、まるで秘密結社入会のイニシエーションのようであった。

今回も、そのときと似た複雑な気持ちで、われわれは黒部平まで運ばれていった。景色が見えないので、とくに感動もないのだった。

トラム内部

終点の黒部平は、小さな山の頂だった。

展望台に上がってみると、その先に立山の峰が聳《そび》えているのが見えた。コンクリートの壁ばかり見ている間に、気がつくと、ずいぶん高いところに来ている。とにかくさっさと先へ進むことにして、ここから今度はロープウェイ。

次から次といろんな乗り物が出てくるのは、そうは言っても面白い。とくにロープウェイは、景色が見えるのがいい。テレメンテイコ女史とともに、すっかり晴れ上がった黒部の空の下、ぐんぐん高度を稼いでいった。ようやく山を上っている実感が湧いてきた。

と盛り上がったのも束の間、そこからまたトロリーバス。先ほど乗ったのは関電トンネルトロリーバスで、今回は立山トンネルトロリーバス。名前は違うが、トンネルとトロリーってところは同じである。

「またトンネルですね」

「また微妙に階段がありますね」

テレメンテイコ女史は、乗り換えのたび階段があることに文句たらたらである。そのわりに、ほとんど弱体化していないのが惜しい。攻撃を受ければ受けるほど強靭になる、抗生物質とか効かないタイプなのかもしれない。

「しかし、せっかくここまでトロリーバス、ケーブルカー、ロープウェイときたんだから、何か違う乗り物にしてほしかったですね。トロリーバスはさっきやったでしょう」

「さっきやったとかそういう問題ですか」

「ガイドブック見ると、立山側もケーブルカーで、ツーペアですよ」

「ツーペア？」

「トロリートロリー、ケーブルケーブル、ロープウェイでしょ。せっかく金かけて来るんだから、ロイヤルストレートにしてほしい」

「……」

「トロリー、ケーブル、ロープウェイ、モノレール、ジェットコースターとか」

テレメンテイコ女史の返事はなかった。

それより女史は、トロリーバスが終着駅に着いたときに流れたアナウンスが気になったようだ。

《展望台に行かれる方は右手の階段をお上りください》

「またですか！」

室堂は、広々とした草地に、涼しい風が吹き渡って、高原の風情だった。

トンネルばかり通ってきたので、気持ちよさが唐突である。

「おお、山の上！」

と感動する私の横で、テレメンテイコ女史は、

「展望台に行かない人は、階段上らなくていいのかと思ったら、展望台って地上のことじゃないですか。結局上らなきゃいけないんですよ」

とさらに階段を上らされたことに憤懣《ふんまん》やるかたない様子。そのわりにどんどん元気になっているのが腑《ふ》に落ちないが、たしかに、立山黒部アルペンルートでは、乗り物を降りるたびに追加で階段を上らされる。

まるで残尿感のようだ。

どっと勢いよく出たと思って安心していたら、最後まだちょびっと残っていて、もう一度力を入れなおさないといけないというアレ。最近は私もすっかりおっさんになってしまい、自分でたとえていながら、実に悲しい。

それでも高原の空気を吸うと、女史もそれなりに納得したようで、朝はどんよりと重かった表情もすっかり回復し、いつもの冷酷無比な感じに戻っていた。

周囲を見渡すと、あたりには低い木ばかりで気持ちがよかった。ロープウェイから眺めた山肌は深い森だったが、ここまで来ると森林限界を越え、背後の主峰雄山も、その山肌が芝生の絨毯のようだ。てっぺんからゴロゴロ転がってみたいぐらいである。本当にゴロゴロ転がったらそれは滑落というやつで十中八九死ぬと思うが、遠目にテレメンテイコ女史がゴロ

ゴロ転がっていくのを眺めるのならば、さぞかし気持ちよさそうに見えるだろう。山の良し悪しは、山肌をゴロゴロ転がってみたいかどうかで決まる。

私は、昔からこのような森林限界を越えた先の、やや荒涼とした景色が好きで、いつもこういうところに来たい来たいと思ってきた。けれど、そのためには森の中を延々登る必要があって、そっちの部分は全然好きじゃないことが判明している。そういう過程はとくに必要ないから、全部すっ飛ばして森林限界の上に到着したい。その意味で、立山黒部アルペンルートは、まさに夢のようなコースだった。途中、地下ばかり通ってきたせいで文句たらたらであったが、来てしまえば、そんなことはどうでもよくなった。

この日泊まる予定の山荘の方向へのんびり歩いていくと、宿は火山ガスの噴出する地獄谷のすぐ脇にあった。途中ガスにやられないよう、タオルを塗らしてそれで鼻と口を塞いで通れ、と注意書きがしてあった。

大丈夫なのか、それ。

吹流しが立っていて、それがこの絵の方向に流れているときは危険、と表示があって、吹流しはまさにその方向に流れていた。

「テレメンテイコさん、大変です。ぜひ先に行ってください」

まずはテレメンテイコ女史を泳がせて安全性を確かめようとふり返ると、女史は入念にタ

オルを水で濡らしていた。慌てて私もハンカチを出して濡らす。

しかし、他の登山者はわりと平気な顔で歩いており、毒ガス？ それがどうした、といった雰囲気であり、どの程度深刻なのかよくわからない。とりあえず足早に通り抜け、宿泊予定の山荘にたどり着くことに成功した。

着いた山荘の背後はすぐ地獄谷で、建物の裏側は立入禁止、と札がかかっている。そんな立入禁止区域との境目に泊まって大丈夫なのであろうか。この線からそっちは毒ガス来ないとか、そんなものわかりのいい毒ガスなのだろうか。そもそもそんなところに宿建てて大丈夫なのか。

建物に入ると臭いはだいぶ弱まったけれど、通された部屋が、まさに地獄谷側、言うなれば毒ガスビューの部屋だった。これまでオーシャンビューとかガーデンビューとか、いろん

なビューに泊まってきたが、毒ガスビューは初めてである。窓の外はもうもうと白く煙っていて、ときどきガスが途切れたところに灰褐色の賽《さい》の河原みたいな大地が見えたりして、できればビューなしでもいいから部屋変えてほしい。朝起きて死んでたらどうするんだ。その後の連絡とか手続きとかいろいろ面倒くさいんじゃないかと、我ながら心配したのである。

そうして翌朝、目が覚めたら生きていた。

危機一髪であった。危機一髪のわりにはぐっすり寝たが。

朝早く宿を出発すると、空も晴れて、空気も凜《りん》として冷たく、気持ちがよかった。

これこれ、これが山旅のいいところだ。

吹流しも今日はだらりと垂れ下がって、毒ガスの臭いはほとんどしない。

室堂のターミナルまで戻り、そこから立山までバスで下る予定だったが、見れば少し下った天狗平《てんぐだいら》までの道が気持ちよさそうだったので、バスはやめて歩くことにした。

道は緩やかな下りで、低い笹が右にも左にも一面に広がっている。

そうそう、こういう道が歩きたかったのだ。今まで階段多いとか、窓の外がコンクリートだとか、毒ガス嫌だとか文句ばかり言ってきたが、この気持ちのいい道ですべては帳消しだ。

天狗平までは楽しくてあっという間に着いてしまい、ここまで来たら、そこからさらに弥《み》陀《だ》ヶ原《はら》までのトレッキングコースも下ってみることにした。森の中の1時間半コースと、眺

めのいい2時間半コースがあり、2時間半のほうには鎖場もあって面白そうなので、それをドシドシ歩いて弥陀ヶ原まで下っていった。

途中、遠くに屏風のように立ちはだかる山並みと、その手前にいくつもの池塘《ちとう》が散在する眺めが素晴らしく、何度も足を留めて眺めた。

やっぱり山はいい。とくに乗り物で上って森林限界の上だけ歩く山は最高だ。きれいな空気を肺いっぱいに吸いこんで、内側から毒ガスを一掃したのである。

弥陀ヶ原からはバスに乗り、富山県側に下るべく美女平《びじょだいら》でケーブルカーに乗り換えた。

このケーブルカーが、立山黒部アルペンルート最後の乗り物になる。

またケーブルカー、というマンネリ感はあったものの、今度のは地下式ではなかったうえに、妙なものがくっついていて味があった。くっついていたのは貨車で、ケーブルカーに貨車？　ってところが斬新である。これで立山に荷物を運び上げるのだろう。われわれが乗ったときは貨物はなかったけれど、空の貨車の先に小さな運転席があって、

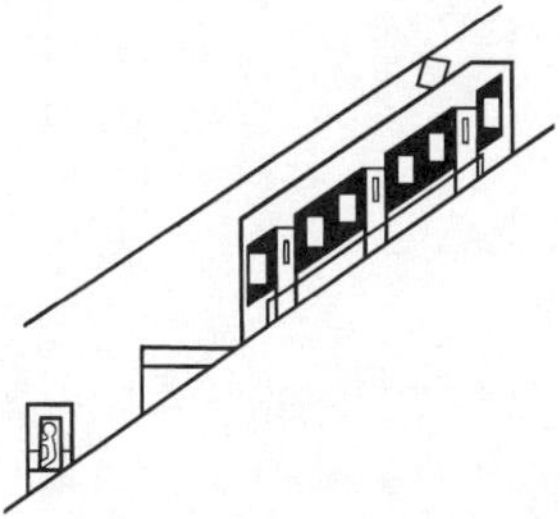

貨車付ケーブルカー

そこに運転手さんがひとりぽつんと座っているのが見応えがあった。

できればその貨車のところに、オープンエアー席を作って乗せてほしいと思ったのである。

3　謎の施設『まんだら遊苑』

長野県の信濃大町から、いろんな乗り物を乗り継いで、富山県の立山までやってきた。一度立山黒部アルペンルートを旅してみたいと思っていたので、個人的に大満足である。自分ではとくに努力することなく森林限界を越え、山上の広々とした景色を堪能できたのは、素晴らしい体験であった。

もはやこれ以上何も言いたいことはないが、今回の旅においては、立山に着いたら『まんだら遊苑』に立ち寄るというのが、テレメンテイコ女史からの条件だったから、とっととノルマを果たしてしまおうと思う。

『まんだら遊苑』というのは、富山県［立山博物館］の施設のひとつで、パンフレットによると「立山に伝わる立山曼荼羅《まんだら》の世界を五感（見・聴・香・触・空）をテーマにたくさんの芸術作品や効果音、照明、香りなど立体で表現した施設」だそうだ。

五感に味覚が入っておらず、かわりに「空」とかいうものが入ってるのが理解不能。見て、聴いて、匂って、触って、空。

なんだそれ、空腹のこと？　腹減ってんのか。食べろ食べろ、食べて味わえ。

あと富山県［立山博物館］というネーミングも微妙に怪しい。なぜ富山県立ではないのか。

立立と同じ字が続くのがイヤだったのか。本当は公共施設でも何でもないのではないか。

どうしてもここに寄りたかったというテレメンテイコ女史も、詳しいことは何も知らないようだった。

「じゃあ、なんでここに来たかったんですか」

「なんとなく面白そうじゃないですか」

わからん。むしろB級スポットの匂いがする。

私はこれまで全国各地で何度もB級スポットを訪れており、ことさらに宗教性を謳《うた》う施設ほど、ズッコケ度が高いことはよくわかっている。ズッコケるだけならまだいいほうで、場所によっては、中途半端かつ陰気で不気味で、後味が悪すぎたりするから注意が必要である。

私ひとりなら『まんだら遊苑』は、迷わずスルーする施設だった。

女史は今頃になってB級スポットに目覚めたのであろうか。

『まんだら遊苑』へは、布橋《ぬのばし》という地元では大変由緒のあるらしい橋を渡っていく。

その先にあった広場を通り抜け、入口に近づくと、なにやらゴウゴウと炎の燃え盛る音

――をスピーカーで増幅したような音が聞こえてきた。のどかな田舎の風景にまるでそぐわない大ボリュームで、恐ろしげな声も混じっている。

なんなんだ、いったい。

ちゃんとした受付があり、制服のお姉さんがふたりチケットを売っていた。B級スポットにしては、あまりに立派な受付で、潤沢な資金のある新興宗教法人が運営しているのではないかという疑惑がますます高まったが、何より一番気になったのは、こんな地獄の鬼の咆哮《ほうこう》みたいな効果音を一日中聞かされて、受付の人は頭が変にならないのだろうかということだった。

見れば、入口を入ってすぐのところに閻魔堂《えんまどう》なる建物があり、不気味な咆哮はその建物から聞こえてきている。つまりお化け屋敷的な何かだろう。

背を屈《かが》めないと入れない狭い穴から内部に入ると、中は地獄の炎をイメージした真っ赤っ赤な空間だった。つまらぬ人形など置いていないデザイン性と、迫力ある音響の効

閻魔堂

果で、そのへんのお化け屋敷より恐ろしい感じがする。両側から鬼の叫びが聞こえる細い廊下など、不気味すぎて、子どもは通れないのではあるまいか。

おかげで、『まんだら遊苑』への疑心暗鬼のなかに、かすかな畏敬の念が芽生えたほどだ。

よくできている……。

B級スポットの評価は揺るがないけども、遊園地のお化け屋敷は、ここを参考にしたらいいのではないかと思わなくもない。

さらにその後も、針山を模した鉄の三角錐から鬼の声が聞こえるコーナーや、井戸のような中に声を発すると、声質が不気味に変換されてあたりに響く設備など、だからどうしたと思わなくもない一方で、出来具合としてはまずまずの施設が続く。

「何なんでしょうね、ここ。意外に作りこまれてますよね」

「ちょっと面白いです」

『まんだら遊苑』は、どうやら最初は地獄の世界で、後半は極楽的な世界を表現してあるらしく、細長い広場を横切ってピラミッドがあるほうへ歩いていくと、だんだんおどろおどろしいものはなくなり、ぽつんと案内所があって、

「ここから天界でございます」と突然、中のお姉さんから声をかけられた。

「真面目にあんなこと言ってますよ、テレメンテイコさん」

この後、現代美術の展示室みたいなものを回り、大きな卵型の部屋で寝転んだり、ネットの上を歩いたりし、これのどこが天界なのかはよくわからないまま、最後は長い真っ暗なトンネルを抜けて終了。遊園地と思うと物足りなかったものの、宗教施設としては面白かったようでもあり、何なのか理解できなかったが最初に想像していたよりよかった、という片付かない気持ちで出てきたのである。

天界ゾーン

テレメンテイコ女史を見ると、なぜここに来ることにこだわったのか自分でも説明できないけど、ま、いいんじゃないの、といった様子だった。成仏してからここに来れば理解できたのではないか。

その後はふたりともとくに言いたいことも思い浮かばず、むにゃむにゃした顔でそのまま宿に向かって、めし食ってこの日は終了した。

翌日、あらためて『まんだら遊苑』ではなく立山博物館のほうへ行ってみようということになり、タクシーに乗って、

『まんだら遊苑』は客は少ないのに、あんなに従業員がいて、よくやっていけますね」

と何気なく口にすると、運転手が思わぬことを言った。

「まあ、お上がやってますから」

今、なんと？

「え、じゃあ、あれ本当に富山県の施設なんですか」

「いえ、文化庁です」

「ええっー！」

テレメンテイコ女史と私は、後部座席でひっくり返った。

文化庁！

いいのか、こんな新興宗教施設みたいな公園作ってていいのか！

たしかに、その後に訪れた立山博物館本体のほうは、見ごたえのある立派な博物館で、立山曼荼羅も見ることができ、立山曼荼羅のことはこれまで全く知らなかったのに思わず図録を買ってしまったぐらい魅せられた。さすが公共の博物館だ（実は後に調べてみたのだが、本当に文化庁の施設かどうかは確認できなかった。博物館で尋ねると、富山県の施設と言っていた。いずれにしても公共施設であるのは事実のようだ）。

しかしそうなると『まんだら遊苑』には、どのような感想を持てばいいのか判断に苦しむ

立山曼荼羅の一部

ところだ。あれはあれでよしとすべきなのだろうか。

いや、市井《しせい》の娯楽施設なら無視もできるが、税金投入して『まんだら遊苑』は、やはり中途半端だと思う。やるならもっと魅力的なものにすべきだ。

思うに、あれは〝立山曼荼羅の世界を五感をテーマに立体で表現〟とか言ってるのがよくない。いかにも、お勉強の範囲内で無難に収めようという気持ちが見え隠れする。遊苑というわりに、思い切りが足りないのだ。

ここはいっそ立山曼荼羅ゴルフクラブにすべきだった。

最初の閻魔堂をクラブハウスにし、ティーグラウンドには鳥居を立て狛犬を並べて、ゴーンという鐘の音とともに、ティーショット。フェアウェイに針の山があったり、血の池地獄があるなかを、途中でお百度参りしたり、放生会《ほうじょうえ》として池に魚を逃がしたりしながら功徳《くどく》を重ね、最終的に33ホールのグリーン観音巡りをするような、そういうような施設にすれば、もっと現代人の心に伝わったはずだ。

〝立山曼荼羅の世界を五感をテーマにゴルフで表現〟するのだ。

なぜゴルフで表現するのか。

そんなもん私も知らん。

ゴルフが嫌なら、立山曼荼羅キッチンスタジアムでも何でもいい。とにかく何でもいいから人がやりたがることや欲しがるものと合体させるべきだ。

〝立山曼荼羅の世界を五感をテーマにイタリアンで表現〟

おお、なんかいいんじゃないの。

〝立山曼荼羅の世界を五感をテーマにネイルアートで表現〟

指先怖いぞ。

〝立山曼荼羅の世界を五感をテーマにハイブリッド・クラウド・コンピューティングで表現〟

……新聞めくって適当に当てはめてみたが、ハイブリッド・クラウド・コンピューティングの意味を知らなかったのでカット。

私だったら、そうだな……、

〝立山曼荼羅の世界を五感をテーマに寝ぐせで表現〟題して〝立山寝ぐせ曼荼羅〟って、おお、なんか凄い。人間国宝だろ、それ。

そんなわけで、謎の『まんだら遊苑』と立山博物館の観光、終わり。ノルマも達成したことだし、このまま帰ってもよかったんだけど、せっかく富山にいるので、富山県で前から行ってみたかったほたるいかミュージアムと、魚津《うおづ》埋没林《まいぼつりん》博物館に寄って帰ることにした。

富山県の魚津には、三大奇観というものがあり、ひとつは有名な富山湾の蜃気楼、それに海が光って見えるホタルイカの群遊海面と、埋没林を合わせてそう呼んでいるようだ。

このうち蜃気楼については、見られるのは春先から初夏にかけてということで、今回は見られない。ホタルイカもだいたい同じ季節で、海面で群遊してるところは見られないけれども、ミュージアムにならいるんじゃないかと思い、光っているイカを見るべく、行ってみたらいなかった。飼っといてくれてもいいじゃないかと思ったが、ホタルイカにも事情があるのだろう。

ホタルイカのかわりに、プラスチックの箱に入れられたカレイとかカニが置いてあったが、とくに感想はなかった。

そうすると今回見られる三大奇観は、一番面白くなさそうな埋没林のみで、海の中に林が沈んでいるだけだろ、と思ったらこれが凄かったのである。

今から2000年から1500年前、弥生や古墳時代に海に沈んだ、主に杉の林で、埋没林博物館では、水に沈んだままの姿を見ることができる。こんな感じだ（下）。

んんん、堂々たる埋没っぷり。実にかっこいい。三大奇観の名に恥じない異次元な味わいがある。

埋没した杉

上から見たところ

観賞魚の水槽に流木を沈めたりして雰囲気を出すことがあるけれど、まさにそれを地でいく感覚。どっしりと神のような威厳さえ感じられる。横からも上からも見ることができて満足した。

こうして危うく全コケになるところだった魚津の三大奇観を、埋没林が救ったのだった。

ちなみに、ここ魚津には「ミラたん」というゆるキャラがいて、「ミラたん」のミラはミラージュ、つまり蜃気楼のことで、頭に蜃気楼の町がのっかっている。あちこちで目にするうち、昔行った長崎の軍艦島が思い出されて、目が離せなくなってきた。

ゆるい顔して廃墟被るとは。サイコパスなんじゃないか。

今までゆるキャラなんてちっとも興味なかったけれども、帰宅後、「ゆるキャラグランプリ」のサイトにいって「ミラたん」に投票した。

ミラたん

本州横断

1　ママチャリ『頓挫《とんざ》号』

もうだいぶ昔のことだが、新聞の取材で兵庫県の石生《いそう》にある水分《みわか》れという場所に行ったことがある。

水分れとは、文字通り分水嶺のことで、そこから北の水は日本海に流れ、南の水は瀬戸内海に流れるというわけだが、ここが面白いのは、この地の標高がたったの95メートルしかないということだ。

だから分水嶺といっても山の中にあるわけではなく、町なかの平地にあって、正確には分水嶺ではなく、谷中分水界《こくちゅうぶんすいかい》と呼ばれている。嶺ではなくて、谷の中にある界なのである。

山すそから高谷川《たかたにがわ》という小さな川が流れ出していて、それはやがて加古川《かこがわ》に注ぐということであった。そしてこの川の北側に沿って走る何の変哲もない細い車道が、実は日本海と瀬戸内海を隔てる運命の車道なのだ。

それほど重要な車道であるのに、険しくそそり立つ尾根筋にあるわけでもなく、私の家の近所に走っていてもおかしくない平凡な生活道路であるところは、一見冴えないサラリーマンのようだがその正体はビッグなオレ、みたいな男子一生の夢的味わいが感じられ、深く印象に残った。

そして私は思ったのである。

分水嶺（この場合谷中分水界）の標高が95メートルしかないということは、日本海から瀬戸内海まで、自転車で楽に本州を横断できるのではないか。

さっそく地図で調べてみると、天橋立《あまのはしだて》に近い京都府の由良川《ゆらがわ》河口から川を遡り、福知山から支流の土師川《はぜがわ》に入って、さらに竹田川《たけだがわ》、黒井川《くろいがわ》と伝っていけば水分れまでたどり着くことができる。そこから今度は加古川に乗り換えて、川沿いをただただ下っていけば、西脇市を経由してやがて瀬戸内海まで、簡単に走れそうであった。きちんと川沿いを走っていけば、総距離にして１４０キロぐらい走る間に、合計でたった95メートルしか上らないで済むのだから、理論的には、道の勾配《こうばい》は限りなく0％に近く、ママチャリでも十分走破できるはずだ。

幾多の峠を越えて本州を横断しようなどという冒険心はさらさらないが、ママチャリで楽に横断できるなら、やってもいい。山がちな日本で、そんなに簡単に本州を横断できるなんて、面白いではないか。

というわけで、私はテレメンテイコ女史にこのママチャリ企画を提案したのである。

「面白いですね。ぜひやってください」

女史はそう言って、

「ママチャリを持参するのは大変だから、由良川の河口近くで購入してください。加古川に着いたらリサイクルショップに売ればいいですよね。自転車屋とリサイクルショップを調べておきます」

と、非常に話が早く段取りもスムーズであったのはさすがテレメンテイコ女史であるが、ひとつ聞きたいのは、なぜ私がひとりで行くことに自動的に決まっているのかということだ。女史も担当編集者なんだからいっしょに行くべきではないのか。いつもたいてい同行しているではないか。大変そうだからって逃げてんじゃないぞ。

と、ここで私は思い出したのだった。

そうだった。テレメンテイコ女史は自転車に乗れないのだ。おお、そうだそうだ。以前、奈良の飛鳥《あすか》をレンタサイクルで回った際に、同行しないというので問い詰めたら、それが発覚したのだ。

なんでも子どもの頃、丘の上に住んでいたために、練習しようとすると、どっちを向いても坂だから危険で練習できなかったとか何とか。

わはは、今どき自転車に乗れない大人がいたとは。いや、笑ってはいけないのかもしらんが、わはははは。

ま、かわいそうだから、傷をえぐるのはやめて、今回はひとりママチャリで本州横断に向かうことにする。

テレメンテイコ調査によれば、由良川の河口近くで自転車が買えるのは、宮津のスーパーだとのこと。宮津は、由良川河口から10キロほど離れており、その分余計な距離を走らなければならないが、東京で買って運んだり送ったりするよりはましだから、そこで買うことにして、秋も半ばにさしかかった頃、私は新幹線と山陰本線、舞鶴線、さらに北近畿タンゴ鉄道を乗り継いで宮津にたどりついた。

さっそくシーサイドマートというビルに入っている店で自転車を物色。一番安い1万4800円のママチャリと、念のためヘルメットを買い、さらに荷物くくりつけ用のヒモも購入した。一番安いタイプだから、変速機もなく、タイヤも細くて、力強さを感じないけれども、たった95メートル上るだけだし、これで十分であろう。

民宿にチェックインし、明日に備えて地図を確認。

寝る前に、ちょっとヘルメットを被ってみようとして、おや、と思った。

これは、どっちが前なのか。

ヘルメットはこんなカタチであった（次頁）。

当然、嘴《くちばし》のように突き出ているほうが前だろうと私は思った。

しかし、よくよく思い出してみると、ときどき道路を高速で走りすぎる本格派っぽい自転車乗りたちは、後ろにむかって細くなった流線型のヘルメットを被っていることが多い。ということは、これは実は丸っこいほうが前なのではないか。

説明書を読んでみたが、どっちが前とも書いておらず、被り方のイラストもなかった。

んんん、わからん。わからんが、こんなものは被ってみればわかるだろうと思い、両者被ってみたら、どっち向きでもふつうに被れた。

おお、どっちなんだ、これ。

困った問題であった。間違えて逆向きに被って本州を横断しては、せっかくの偉業がお笑いになってしまう可能性があった。偶然見る人が見て、アホが走っていると思うかもしれない。それだけではない。間違えた被り方をしていると、実際に事故に巻き込まれた場合にヘルメットが役に立たないことだって考えられる。

私はもう一度両方被ってみて、よりしっくり度が高いほうを探ってみた。するとある事実

ヘルメット

が発覚した。丸っこい側には、ベルトのようなものがあって、そこに頭の大きさに合わせて調整できるベルトがついていたのだ。

ふつう帽子でそういうベルトがあるのは後頭部と決まっており、これはやはり突き出したほうが前というお告げではないだろうか。ベルトの調整部はそこだけオレンジ色になっていて、おでこにそれがくると、なんとなく忍者のＮＡＲＵＴＯみたいに見えるから、それはそれでかっこいいのかもしれなかったが、やはりお告げに従い、丸っこいほうが後ろということでいきたい。つまらぬことで30分ほど無駄にしてしまったが、こうしてヘルメット問題は決着をみた。よかったよかった。

本格派自転車乗りのイメージ

そしてぐっすり眠って翌朝8時、宮津の宿から、まずは由良川河口に向けて走り出したのである。

しかし、ここでまたしても新たな問題が発覚した。

地図を見ると、宮津と由良川河口の間には半島があり、最短距離をいく国道はその根元をショートカットするように走っている。地図ではそれだけの話だが、実際に現場を見ると、そのショートカットが山道なのだ。つまり半島を越えるためには一度坂を上ってトンネルをくぐり、反対側で坂を下る必要があった。

おうおう、聞いてないぞ、そんな坂。

こっちは95メートルぽっきりしか上らないつもりで来ているのだ。そんな坂道があるのは約束が違う。そもそもまだスタート地点にもたどり着いておらず、走る必要さえない場所なのだ。

納得いかないので、ショートカットはやめ、海沿いの道を走っていくことにした。今回の目的は、日本海から瀬戸内海まで、ママチャリでも楽に行ける事実を証明することだから、そんなしんどい目に遭っては趣旨に反する。

その分、遠回りになってしまうのは仕方がなかった。地図によれば、海沿いの道を行くと、対岸に天橋立が見えるはずである。悪いことばかりではない。

と思ったら、たしかに天橋立は見えたが、真横から見るとただの陸地であった。

海に挟まれ、狭い回廊のようになってるところが天橋立の存在意義なわけだが、横から見るとそんな事情はまったくわからないのだ。

やがて地図上で先の国道とは別のショートカット道路があるところに着き、どうやらその道は山道でなさそうだったので、そこから半島を横断して、ようやく日本海に沿った最短ル

天橋立

ートに合流することができた。

　しかしここからもまだ問題があった。

　この先の区間は急峻《きゅうしゅん》な崖の高いところを走るため、道が上り坂になっていたのだ。考えてみれば、海にぴったり沿った道でも、常に海抜0メートルとは限らない、当たり前の話であった。

　くうう、日本海め、さっそくそんなアコギな手を使うとは。

　崖に沿ってどのぐらい上ったかわからない。少なくとも30～40メートルは上った気がする。変速機のないママチャリだから、実にきつい。しかもほとんど歩道がないうえに、路肩も狭く、それでいて交通量が多い道だったので、トラックに追い抜かれるときは、この瞬間がこの世の見納めかもしれないと、いちいち緊張した。ヘルメットの向きをちゃんと解明しておいたのがせめてもの救いだ。

問題はほかにもあった。悪いことに、この道は、なぜかずっと向かい風なのだった。

陰険、という言葉が頭をよぎる。誰かはわからないが、陰険な誰かが私を妨害しようとしている。

そうしてこのとき、私は遅まきながら気づいたのだった。川も海と同じだということに。

これからずっと川に沿って走るからといって、いつも水面と同じ高さで走れるとは限らない。途中このように川沿いが崖になってる場合もあるのではないか。川沿いの道が崖の上を走っている場所など、いくらでも思い出せる。私としたことが、うっかりしたことだった。おめでたいことに、今回の旅は、川に沿ってずっとうっすら上っていくものだと決め込んでいた。しかし、今後上りが95メートルだけで済む保証など、どこにもないのだ。

落ち着かない標識

そうしてトラックに怯《おび》え、なおかつ上り坂に辟易《へきえき》しながら、なんとか由良川河口に着いたときには、私の胸に、憤りとともに強い決意が芽生えていたのである。その決意とはこうだ。

いつだって頓挫してみせる。

妨害工作の陰険度が過ぎた場合は、即座にこの企画は中止する。

いつでもやめると言いながら、結局最後までがんばってしまうのはよくある話だが、そういう風潮に流されず、強い意志を貫き、不退転の決意で頓挫する。

だいたい苦難を克服し何かを達成する話ほど、書いていて楽なものはないのだ。世のたいていの話はそのようにできており、まったくもって予定調和の極みである。

苦難↓友情↓克服↓感動

ああ、何という安っぽさ。

今回友情はあんまり関係ないけれども、当初の予定が途中で頓挫してしまい、どうするん

今後懸念される川と道との位置関係イメージ図

だこの始末、というような厳しい状況に敢えてわが身を置いて、そのうえで最後までこのエッセイを書き切ってこそ、真の修行者と言えないだろうか。

私はこの決意を胸に刻むため、ママチャリに『頓挫号』という名をつけた。

敵が少しでも陰険なそぶりを見せたら、即座に頓挫だ。

いざ、ゆけ『頓挫号』！

負けるな『頓挫号』！

2　草ぼうぼうの道

由良川は、広くてぺったんこで、ミルキーブルーだった。

私は、この旅の本来の出発点である由良川河口を、宮津の宿を出てから1時間半後にやっと通過した。

この日、空は晴れて気温は暑くもなく寒くもなく、絶好のサイクリング日和《びより》といってよかったが、川に沿って走る国道178号線は、交通量が多く、ママチャリを漕いでいると、背後から常に車に追い立てられているようで落ち着かなかった。

それにしても、ママチャリがこんなにもスピードが出ないものだとは思わなかったのである。力いっぱい漕ごうと思っても、ペダルに力をこめるには立ち上がって体重を乗せる必要があり、いつもそんな体勢ではしんどいので、やっぱり座ったまま漕ごうとすると、足だけで漕ぐ形になって、すぐに太ももが疲れる。

川沿いの道をのんびりと走るつもりでいたのに、車は怖いし、太ももは疲れるし、おまけに向かい風だった。海の近くでは、基本的に朝は陸から海に向かって風が吹くと、理科で教わったような気がするが、今がまさにそうだった。

海辺の崖の上を走ったときと違い、川沿いはほとんど勾配もなく、その点だけは期待通りだったのだが、全体としてとても快適と言える状況ではない。

たまに私が苦痛にあえぎつつ漕いでいる横を、ロードレーサータイプの自転車がスイスイと追い抜いていった。数人で列を成し、何かの大会に出るための練習でもしているのだろうか、ウェアまでばっちり揃えたサイクリストたちが、いきなり後方からやってきて、あっという間に前方へ消え去っていく。

ピカチュウ

この向かい風の中、あれだけの速さで走れるとは、自転車というのは凄いもんだな、と思う。きっとあんなふうに走れれば、この旅も楽しいだろう。だが自分の状況を鑑《かんが》みるに、どうしたってあんなスピードは出ないし、それどころかジョギング中の男性と抜きつ抜かれつするほどであり（もちろん走る速さはこっちが速いが、太ももが疲れるたびに太もも休憩が入るので、その間に追いつかれてしまうのだ）、いったいこんなノロノロ運転で瀬戸内海に着くのかどうかだんだん不安になってきた。

そして、今のところ勾配はたしかにゆるいというか、ないに等しい感じなのだが、ときどき道が堤防に上ったりして、想定外の小さな坂があるのが面白くない。川に橋が架かっている場所などでは、道路がいったん橋の高さまで上るときがあって、上ったら上ったでもいいのだが、その後すぐまた下ってせっかく稼いだ位置エネルギーを無駄に捨ててしまうのには、わざわざ上らせておいてなんだ、という憤りさえ感じる。

橋などいくらでも架かっているわけで、そのたびに小さな上下動を繰り返すはめになる。自動車やバイクには何でもないだろうが、ママチャリには十分なハードルである。

それから川の屈曲部を道路がショートカットしているような場所も要注意だ。地図でいうと、こういうところ（次頁上）。

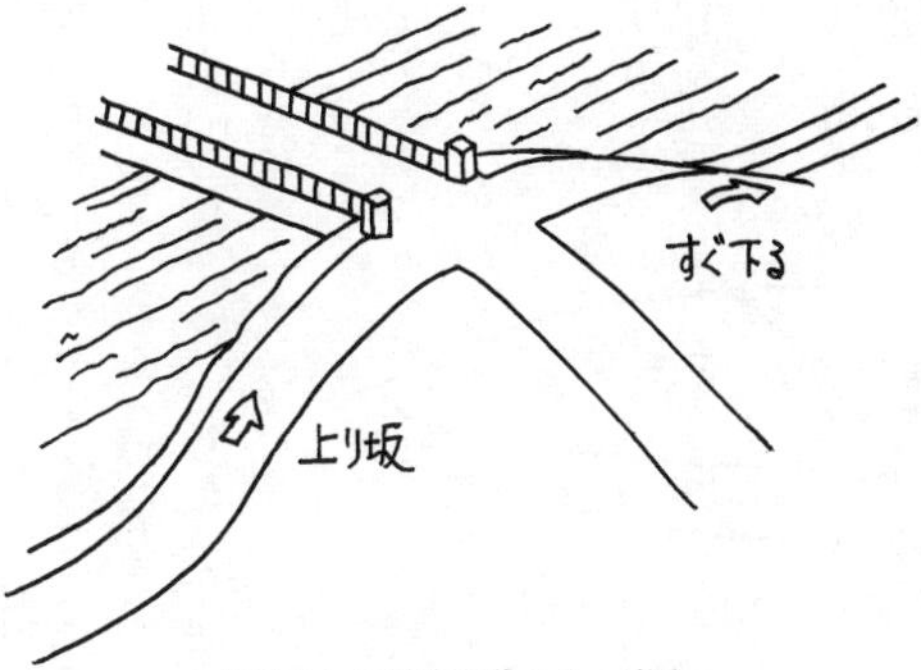

腹立たしい堤防の道イメージ図

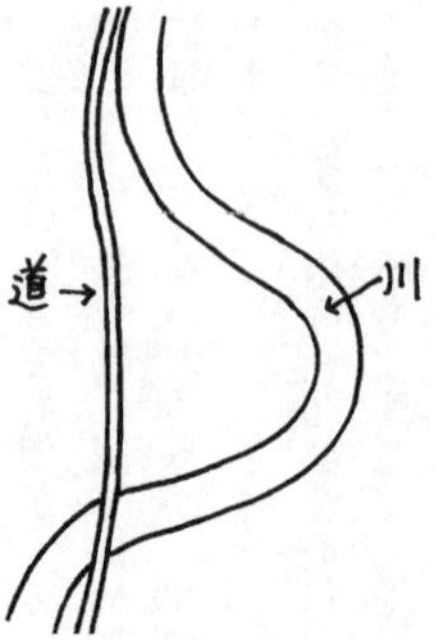

安心できない川の屈曲部地図イメージ

言わば宮津の半島のときと同じで、きっちり川に沿っていないショートカット部は、地形がもっこりしていることがある。地図ではわからないトラップである。

トラップにかからないために、たとえ遠回りになっても、国道を外れて川沿いを行くようにした。今回の趣旨は、いかに坂を上らずに瀬戸内海まで走るかということであるから、楽なほう楽なほうへと強い気持ちで流されなければいけない。

それにしても、こうして実際に来てみると、ただひたすら川沿いの国道を走っていけば楽勝だろうと考えていたのは、実に甘い判断であったと言わざるを得ない。

やがて大江町というところにやってきた私は、ここから宮津街道を北上したところに「酒呑童子《しゅてんどうじ》の里　日本の鬼の交流博物館」という面白そうな館があることを地図で発見したが、そこまで行くには

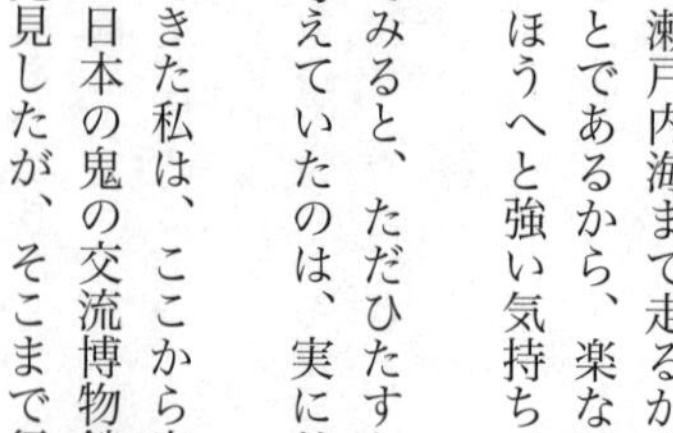

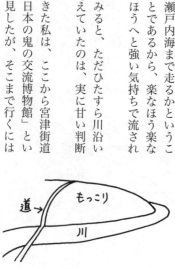

川の屈曲部における〝もっこりトラップ〟

歩行者に

峠道を上らなければならないので、寄り道はあきらめた。どうやらこの旅は、観光もせず、ただ黙々とひたすら由良川沿いを遡る旅になりそうだ。

この日の目的地福知山に着いたのは、午後1時半頃だった。まだ走ることはできたが、ここで泊まっておかないと、この先兵庫県の西脇市まで宿がなさそうなのだ。それに思いのほか、太ももが疲れていた。ママチャリの旅は想像以上にきつい。

翌朝8時、福知山のホテルを出発。

昨日とは打って変わって天気が悪く、重たい空からときどき小雨がパラついていた。幸い太ももの痛みは一晩眠って回復していた。ただ、かわりに膝が痛かった。

昨夜予習したところ、これまで走ってきた由良川沿いの国道175号は、福知山の南で塩津トンネルを抜けるようだった。塩津峠を潜りぬけるわけだが、トンネルなら坂を上らないで済むとは限らない。鋭い私は、まずこれはトラップであろうと判断した。

宮津の小さな半島を越えたときもそうだったが、峠を抜けるトンネルは少し標高の高いところにある場合が結構あって、入口まで上り坂になってる可能性が高い。そうでなくてもトンネル内は歩道がないことが多く、自転車で走るのは危険を伴う。やはりここはセオリー通り川沿いを行くべきだ。

地図を見ると、由良川の支流土師川は塩津峠の東側を大きくカーブしながら迂回していて、川に沿ってそれなりの道がありそうに見えた。ここは多少距離は長くなろうとも、そっちを選んだほうがいい。

そこで175号線を離れ、川の対岸に渡って、のんびり走ることにした。国道を離れると交通量も減って安心である。堤防の上に道があり、ほとんど車も来ないので、私は気持ちよく走っていった。

そのうち舗装道路が堤防から離れていき、堤防の上は砂利の道になった。舗装道路か堤防、どっちを選ぶか迷うところだ。

なるべくなら堤防を行きたい。川から離れると、いつまたもっこりトラップに引っかかるかわからない。必要のない坂は1メートルたりとも上りたくない。

一方で、砂利道は走りにくいうえ、この先もずっと道が繋がっているという保証はない。さんざん走って行き止まりになったら、時間の大いなるムダである。ただ、コピーしてきた10万分の1の地図では、道はずっと繋がっているように見えた。

行き止まりのリスクと、上り坂に出会うリスク。両者天秤《てんびん》にかけ、95メートル以上びた1メートル上らないという、この旅の趣旨に鑑み、行き止まりのリスクをとることにした。これまでにもスタート以前や、橋近辺の堤防で、謂《いわ》れのない上り坂を上らされてきたのだ。これ以上敵の暴虐を許すことはできない。

私は堤防上の砂利道を走り出した。

ママチャリがガタガタ揺れるが、その程度はたいしたことはない。舗装道よりペダルが重くてちょっと腹立つものの、そこは我慢した。

ふと思ったのだが、もしパンクしたらどうなるのだろう。

宮津でママチャリを購入した際、ヘルメットと荷物ひもは併せて買ったが、パンク修理キットには思いが及ばなかった。自転車で本州を横断しようというなら、パンク修理キットぐらいは携行すべきではなかったか。

大きな町に出なければパンクを修理してくれる自転車屋などそうそう見つからないだろう。自転車屋どころか、堤防沿いには雑木林や田畑しか見当たらない。こんなところでパンクしたら、延々自転車を押して歩くはめになる。私としたことが、うっかりしたことであった。

とはいえ、もはやどうにも仕方のないことでもあった。私はただ穏やかにママチャリを漕ぐしかなかった。なるべく尖った石など踏まないように、砂利道のなかでも土の露出しているところを選んで走った。まったく石を踏まずに走ることは不可能だったが、そこは運を天に任せるしかない。あらためて見ると、店で一番安かったママチャリのタイヤは、ずいぶん細いうえにゴムも薄そうで、すぐにもパンクしそうであった。

そうして地面の石ころ密度ばかり気にしながら、下を見て走っていると、だんだん雑草が増えてきているのに気がついた。車の轍《わだち》があるにはあるが、ほとんど通行する車もないのだろう。しまいには両側からセイタカアワダチソウが伸び放題に伸びてたわんで、道に覆い被さってきた。

この道は誰も使っていないのではないか、という思いがよぎる。そういえば、さっきから人っこひとりすれ違わない。分岐もまったくなかった。

やや不安を覚えつつガタガタゴトゴト、石と草に阻まれながら2〜3キロも走っただろうか、ついに、びっしりと草に覆われてよくわからなくなってしまった。脇は林になっていて、抜け道もない。

おお、なんということだ。まさに怖れていた行き止まりではないか。

漕ぎにくい砂利道をパンクに気をつけながら、ここまでずいぶん走ってきたのである。戻れない距離ではないものの、戻るなんて時間が惜しいし、何よりめんどくさい。

私は目の前の草ぼうぼうで木々が覆い被さっている暗がりをよくよく眺めた。見た目には判別しにくいが、ここはきっと道が続いているはずだ。そうでないと、この道の存在理由がない。最初は車の轍だってついていた道なのだ。行き止まりだったら、ここまで何のための道だったのか。

堤防の道

行き止まりなのかどうなのか

私はママチャリを止め、歩いて草むらの中に踏み込んで偵察してみた。その結果、やはりここは道である、もしくはかつて道だったことが判明した。草は繁っているが平坦な地面が林の中に続いていたのだ。

林の奥は薄暗く、いったいどこに続いているのかまったく見えない。ここから山道みたいになって川から離れていく可能性もあった。それどころか謎のトンネルがあって、その先にテーマパークの残骸みたいなのがあって、無人の料理屋が並んでいたりするのではないか。そして料理をうっかり食ってしまってブタにされるのではないか。

んんん、ここを行くのは気が進まない。

空がどんより曇っているせいもあってか、不気味である。

でも進まないなら戻るしかない。戻るのはめっちゃめんどくさい。

不気味　VS　めんどくさい

究極の選択だ。

ただ不気味というだけなら思い切って不気味を選択するが、この道に踏み込んでも、どこかに抜けられるという保証はない。どころか、ますますめんどくさい事態に陥らないとも限らない。そうなると、不気味、なおかつ、めんどくさいという二重苦だ。

それでも、私はやはり、不気味を選ぶことにする。なぜなら、目先のめんどくさいに勝るものはないからだ。
そうして意を決して林へと踏み込んだら、意外な展開が待っていた。

3　雨の谷中分水界

林の中の道は雑草が伸び放題で、自転車に乗ったまま移動するのは困難だった。仕方なくママチャリを押して歩いていく。

とはいっても、そこはたしかに道であり、一定の幅で平坦な地面が続いていた。鬱蒼《うっそう》とした林を行くのは気が滅入ったが、ありがたいことに長くは続かなかった。進むほどに道の雑草もだんだん減って、これはいけるという安堵の思いが胸にこみあげてきた。そして不意に林が途切れたかと思うと、明るい場所に出たのである。

細いドブ川が横切っているその上にコンクリートの小さな橋が架かっていた。川を跨《また》いだ先には田んぼが広がり、待望の舗装道路も走っている。

おおっ、やったぞ！

ほっとして力が抜けそうになったけれども、喜ぶのはまだ早かった。気になるものがあったのだ。

それは、がっしりとカンヌキのかかった門であった。

ドブ川に沿って、人の身長を超える高さのフェンスが張られ、橋に面して門が作られていた。門には、「危険」という看板が架かっている。門の作りからすると、舗装道路側から、私のいる林側に入らないよう、立入禁止の措置がとられていることは明らかだった。つまり、私がたどり着いた場所は、檻の内側だったのである。

なんでやねん……。

フェンスのどこかに隙間がないか、左右を見渡してみたが、フェンスは川に沿って延々続いているだけでなく、隙間や穴がどこにもなく、絶対に中に入れまいという強い意志が感じられた。絶対に中に入れないということは、絶対に外に出さないのと同じことだ。

もちろんフェンスを乗り越えるのは難しいことではない。ただし、それはあくまで自分の身ひとつの場合。ママチャリが越えられるかどうかは別問題だった。

んんん、大迷惑。

ここに来て立入禁止とはどういうことか。ここまで、そんな看板はどこにもなかった。私の来たルートをたどれば、誰だってこの場所に来られるのだ。おかしいだろ。

ここを立入禁止にしたいなら、反対側にも同じ措置がとられていてしかるべきであろう。あっちとこっちの両方を立入禁止にしてこそ、真の立入禁止である。何かが間違っている。

危険
ゲート設置

だがこの際、間違っているいないは問題ではない。重要なのは、どうするかだ。ここまで来た道を戻ることは考えられなかった。1時間以上のロスになるのは明らかだ。なんとかしてこの門を乗り越えたい。

考えうる方法としては、ママチャリの荷を降ろし、ザックとママチャリ本体に分けたうえで、それぞれを担いで二度フェンスを乗り越えることだ。

気になるのは、フェンスが結構ヘナヘナなことだった。私だけならともかくママチャリの重さを加えたら、壊れてしまうのではないか。たとえ乗り越えられても、フェンスを壊してしまったら一大事である。

誰かこのカンヌキを外してくれないだろうか。どこかに電話すれば、管理人が来て開けてくれるのではないか。しかし電話番号はどこにも書いておらず、仮に連絡が取れても、人が来るまでどれだけ待たされるかわからない。場合によっては引き返したほうが早いとも考えられる。

くっそー、せっかくここまで来たのに。

私は意を決し、とりあえずザックだけ背負ってフェンスを乗り越えた。ザックを道路側に降ろし、ママチャリを見つめる。あれをどうやってこっちへ持ってくるか。というか持ち上げるしかないわけだが、あちこち引っかかりそうだし、フェンスがもつかどうかも心配だった。

　まったく迷惑にもほどがある。

　ふざけんなよ、カンヌキめ。

　……って、おや？

　よく見ると、カンヌキはただの棒であった。鍵がない。横に引くと簡単に扉を開くことができた。

　おおおお、普通の扉だったとは！

　すっかり南京錠でロックされているものと思い込んでいた。

　なにごとも、試してみるものであった。

　というか、最初に試せばよかった。勝手な思い込みでわざわざザック背負って乗り越えて損したぞ。

　しかし鍵のかかってない立入禁止に何の意味があるのか。入り放題ではないか。ふざけてはいかんよ。まったく腑《ふ》に落ちない話で、実に助かったのである。

　川沿いを遠回りして、ふたたび国道１７５号線に戻った頃には、私は京都府から兵庫県に入っていた。

　インターチェンジ近くの道の駅で休憩していると、ポツポツ雨が降ってきた。林の一件ですっかりやる気が減退していたところへ、ますますの追い討ちである。

地図によれば、谷中分水界はもうすぐそこであった。この先の石生というところに、水分れ公園がある。その公園こそが、水が日本海に流れるか瀬戸内海に流れるかが決まる重大な地点だ。

前半戦のゴールは目前に迫っていた。

私は思うのだが、今回の旅の趣旨は、日本海から瀬戸内海まで、たったの標高95メートルしか上ることなく本州を横断できることを、わが身で実感することである。

それはつまり、最高地点である水分れ公園までいかに楽に到達できるかを体験することであり、そういう意味では、水分れ公園に到達したあとは、オマケのようなものと言っても過言ではない。だってあとは瀬戸内海まで下るだけなのだ。登山にたとえれば、登頂までのプロセスこそが重要なのであって、帰りはただ無事に帰ればいいのである。

そう考えると、今回の本質的なゴールは、水分れ公園と言っていい。

その先だらだらと雨の中ママチャリを漕いで体を冷やし、ひょっとしたら肺炎になったりするかもしれない死のリスクを冒してまで瀬戸内海へ行くことに、どれほどの意味があるのだろう。

雨は本降りになってきていた。

ほぼ見えない飛び出し坊や

水分れ公園を目指し、カッパを着て道の駅を漕ぎ出した私の姿は実に哀れなものだった。少し走っただけでフードは脱げてしまい、顔面から頭から全部雨で濡れたうえ、カッパの内側には湿気が溜まって汗でぐっしょり。あまりの悲惨さに、もういいぞ宮田、お前は十分がんばった、これ以上ママチャリを漕ぐなんて見ていられない、誰か止めてあげて、今こそママチャリの『頓挫号』という名前の由来を思い出すべき、などの多くの声が視聴者から寄せられたことは、想像に難くない。何の視聴者か知らんけども。

そうして宮津を出発して2日目の午前11時47分、私はママチャリ『頓挫号』とともに、今回の旅の最高到達点水分れ公園に到着した。

雨脚がますます強まってきて、感動を味わう間もなく、私は公園内の水分れ資料館の軒下に避難した。

この雨は今日一日止むことはなさそうだ。これはもうここでゴールということでいいではないか。

ちなみにわが栄光のゴール、分水嶺ならぬ谷中分水界は、不思議なところであった。厳密にいうと、水分れ公園内を流れる川の右岸側の土手が、境界になっているらしいのだが、それほど重要な土手でありながら、上には狭い車道が走っていて何気ない。

日本海に流れるか瀬戸内海に流れるかの運命がここで決まるにしては、あまりにどうということのない普通の車道。指摘されなければ、誰もそんな重要な道とは思わないだろう。

まるで自分のことを見ているようだ。一見ただのおっさんに見えるが、実は大変な重要人物なのかもしれない私のことを。

そんな重要人物がこれ以上

水分れ地点

まっすぐ流れれば瀬戸内海、右に分岐した水は日本海に注ぐ

雨の中を走って、病気にでもなったら誰が責任取ってくれるのか。

季節はすでに冬のはじめである。テレメンテイコ女史は今頃ぬくぬくと暖かい部屋で大福でも食ってるだろう。女史はなぜ同行しないのか。自転車に乗れないからか。ならばせめてがんばっている私に差し入れのひとつも持ってくるべきではないのか。私だけがこんな目に遭って不公平ではないか。

ここで、宮田はもうさっさと電車乗って帰ってもいいという方は赤のボタンを、宮田が重要人物だという話がもっと聞きたいという方は青のボタンを押してほしい。

地図を見ると石生という駅がすぐそばだった。そこから電車に乗るとした場合、もともとは加古川のリサイクルショップに売る計画だったママチャリの処分をどうするか考えなければならない。この辺にリサイクルショップはあるだろうか。

携帯で調べてみよう。

と思ったら、いつの間にか雨が止んでいた。

んあ？　こらこら、止むな止むな。一日中降り続くんじゃなかったのか。止んだら肺炎にならんではないか。

仕方ないので、また漕ぎ出した私だ。

まあ、ここからは下る一方のはずである。楽勝だろう、と思ったらそうでもなかった。何しろ最高地点が標高にしてたった95メートルだ。加古川までの70キロでそれだけ分しか位置エネルギーがないのだから、道がほとんど下りになっていない。ここまでほとんど上らずに来た分しょうがないとはいえ、下る側になってみると、分水嶺のくせになぜもっと高くないのか納得いかない。

途中、西脇で日本へそ公園に寄り、市内のホテルで1泊した後、翌朝は見事な快晴のもと、郊外の生活道路をどんどん下って、なんとか加古川市内に到着。

市街地に入ってからのほうが走りやすかったのは、意外な発見だった。

田舎と違って道路がいっぱいあるせいだ。車に怯えながら国道を走るしかなかった田舎に比べ、市街地は交通量の少ない道路を選んで走れるため、かえって危険が少ないのだ。

最後は車の入れない加古川べりのマラソンロードをのびのび走って、3日目の午前11時40分。私はついに加古川の河口にある海浜公園にたどり着いた。

瀬戸内海に到着

ママチャリ本州横断の旅は、途中で頓挫しないまま終了した。

結局やっぱり真面目に走りきってしまい、慙愧《ざんき》に堪えない。

なんという予定調和。

苦難↓友情↓克服↓感動、とまんまと流れにのってきてしまった。読者は今まさに胸にこみあげる熱いものを抑えきれずにいることだろう。スポ根ドラマによくある展開だ。

このことからも、途中で頓挫することの難しさ、怠けることの崇高さがよくわかる。次に何かに挑戦することがあったら、必ずや途中でサボって目にもの見せたい。

ちなみに、宮津で1万4800円で買ったママチャリは、加古川のリサイクルショップで3500円で売れた。

宮崎

1　テレメンテイコ女史の災難

携帯が振動したので、見ると、テレメンテイコ女史からメールが届いていた。

「バスに乗られていないようですが、別の交通機関で来られるのでしょうか？」

文面は事務的だったが、それはテレメンテイコ女史ならではの表現であって、明らかにそこには焦りと失望、そして怒りが混じっているのが感じられた。長い付き合いだから、私にはわかる。

テレメンテイコ女史とは、熊本から宮崎県の高千穂《たかちほ》へ向かうバスの車内で落ち合うことになっていた。先に熊本に立ち寄っていた私が、熊本駅前からバスに乗り、そのバスに熊本空港からテレメンテイコ女史が乗り込む段取りだった。

メールは、その高千穂行きバスの車内から届いているのである。

私はこのときまだ熊本にいた。バスに乗ってないどころか、レンタカーで古代の城などを観光して回っている最中だった。

私はすかさず返信した。

「午後便に乗るつもりですが、午前便の約束だったでしょうか」

「午前便です。そうお伝えしてなかったでしょうか」

すっかり午後便だと思っていた。あらためて記憶を呼び起こしてみたが、どっちだったか心もとない。私の勘違いであったか、それともテレメンテイコ女史の手違いか。行程表があるわけではないので、よくわからない。とはいえ、相手は段取り魔のテレメンテイコ女史である。この場合80％ぐらいの確率で、私が勘違いしていた可能性があった。

んんん、しまったしまった。しまったけれども、もうどうしようもない。

午後便で行く旨を伝えて、私はレンタカードライブを継続した。半日も無駄にさせてしまってテレメンテイコ女史には申し訳ないが、午後便まではまだたっぷり時間があって、ドライブしないのは損なのだった。

ああ、またしても女史の機嫌を損ねてしまった。例によって今回の旅も、厳しい視線に耐えながらの旅になりそうだ。

ところが、午後のバスに乗って高千穂のバスセンターで降り、ホテルへたどり着いてみると、テレメンテイコ女史が凹んでいた。西高東低冬型の気圧配置みたいな、いつものしんしんと冷ややかな対応を覚悟していたのに、しょげているのは女史のほうであった。

「どうしたんですか？　元気ないじゃないですか」

「私、お財布をすられたかもしれません」

えええっ！

聞けば、昨夜、会社から羽田のホテルに向かう電車内で財布がないことに気づいたらしい。あわててカード会社に連絡してクレジットカードを停め、それでも取材費用が必要なので、コンビニで現金を下ろした（銀行のカードは別に持っていた）ところ、直後にそのカードまで見失って狼狽《ろうばい》したという。残業続きで疲労困憊《こんぱい》し、注意力がゼロに落ちていたそうだ。

コンビニで使ったカードは結局見つかって、ひとまずは胸をなでおろしたものの、財布のほうは戻ってこない。片付かない気持ちで、熊本空港に飛んできたとのこと。

さらに付け足すならば、その熊本空港へのチケットも、間違えて宮崎空港行きを予約していることに前日気づいて、あわてて買いなおしたのだそうだ。

そうして幾多のミスと困難に翻弄《ほんろう》され、へとへとになってバスに乗ったら、そこにいるはずの宮田が乗ってなかった。さしものテレメンテイコ女史も、もはや怒る気にもなれず、む

テレメンテイコ女史が財布をすられた瞬間イメージ図

しろ自分の内なる問題として、これをとらえたのであった。

自分は疲れすぎている。

たしかに、そこまで災難が続くとなれば、テレメンテイコ女史の運気は衰退期に入っていると言わざるを得ない。傍目《はため》には、一見私が災難に拍車をかけたかのように見えるが、私と今朝合流できなかったのも、私がバスを間違えたとかそういうレベルの話ではなく、女史の運気的な問題であろう。

私と合流できなかったことで、日中の予定がキャンセルになり、女史はホテルに着いてからゆっくり休んだそうで、私はいいことをしたのである。疲れている彼女にとって、今は少しでも体を休めることが何より大事だからだ。

そう考えると、私はテレメンテイコ女史を守るために熊本でレンタカードライブをしていたと言っても言いすぎにはならないだろう。無意識のうちに女史のために行動していたのだ。私の生まれながらに持つ人間愛の発露がそこにはあった。

そんなわけで思わぬ人助けで始まった宮崎の旅だが、財布の行方についてはひとまずおき、鬼の戦闘力が弱っている間に、本来の仕事に戻って、なぜ今回宮崎にやってきたかという話に移りたい。

理由はおおまかに言ってふたつある。

ひとつは、私にとって、47都道府県のうちもっとも馴染《なじ》みがない県はどこかと考えたとき、まっさきに浮かんだのが宮崎県だったことだ。最後に訪れたのは、おそらく高校陸上部の卒業旅行のときで、以来30年も足を踏み入れていない。そんな県は宮崎県だけである。だから久々に行ってみたかった。

そしてもうひとつ、こっちのほうが重要なのだが、高千穂峡のボートに乗りたい。

高千穂峡の手漕ぎボート、それは私のもう何十年も前からの懸案事項であった。

レジャー用のカヌーだのカヤックだのが普及して、今でこそ自力で川や池に浮かぶ乗り物は珍しくなくなったけれど、私が高校生だった頃は、まだそんなものはなく、水に浮かびたいと思えばボートに乗るしかなかった。そして私は水に浮かぶのが好きであった。

たぶん旅雑誌かパンフレットか何かで見たのだろう、高校生の私は高千穂峡の写真に心打たれ、いつかそこでボートに乗りたいと思うようになっていた。何しろその写真には、岩壁に滝がかかる狭い渓谷と、その滝のもとに浮かぶ手漕ぎボートの姿が写っていたのだ。それほどまで滝に迫れる手漕ぎボートが他にあるだろうか、しかも渓谷はまるで迷宮の一部のように見え、その地形も私をワクワクさせた。

絶対あれに乗らねばならない。

しかし宮崎は遠い。海外旅行に行くほうが簡単なぐらいだ。そして、その宮崎の中でも高千穂はさらに遠い。

しかも、カヌーやカヤックが身近になると、それまでは行けるとも思ってなかった海や川や湖で、迷宮探検を楽しめる時代がやってきた。それにより、別に高千穂でなくてもよくなってしまった。こうして私の中での高千穂峡の優先順位は、相対的に低下し、しばらくはほとんど忘れていたほどだった。

高千穂峡

だが、カヤックであちこちの海や川を経験した後にあらためて高千穂峡の写真を見ると、その地形のダイナミックさは、依然他の場所を凌駕する味わいが感じられ、しかもそれが手漕ぎボートで誰でも行けるというのだから、私は再び気になってきた。

単にダイナミックだからというのではなく、ダイナミックだけどお手軽、チマチマしてるけどすごい地形という点で、箱庭的な情緒を感じるようになったのである。

いったいどんな感じなんだろう。やはり高千穂峡には一度行ってみるべきではないか、そう思った。

そうしてどうせ高千穂に行くならば、ついでに有名な高千穂の神楽《かぐら》も見てみたいし、日南《にちなん》海岸あたりもぶらついてみたいということで、このたび満を持して宮崎にやってきたのであった。

テレメンテイコ女史の当初の心積もりでは、この日、日中に高千穂峡のボートに乗り、さらに周辺の神社などを観光して、夜に神楽を見に行く予定だったようだ。しかし私が高千穂のホテルに到着したのが午後7時だったので、ボートは自動的に翌日となり、まずは神楽を見に行くことになった。

高千穂の夜神楽《よかぐら》は、11月から2月の冬の期間、村にある数ヶ所の神楽宿《かぐらやど》（神様が神楽を見に降りてくる場所、神楽を奉納する場所のこと。公民館や個人宅に設置される）にて、夜通し行なわれる。夜神楽三十三番と呼ばれ、33の舞いが披露されるそうだ。さすがにすべてを見る体力はないわけだが、いずれにせよもし昼間に休んでいなければ、テレメンテイコ女史はとても体がもたなかっただろう。なんとか体力が回復し、神楽を見に行けるようになったのは、つまり私のおかげと言うことができる。

われわれは、面白そうな舞いの集中する中盤に絞って見物することにして、ホテルでいったん眠り、夜中の12時に起き出すと、タクシーを飛ばしてこの日の神楽宿になっている民家へ向かった。

どこをどう走ったのかはわからないが、最後真っ暗な坂道を上ってたどりついた農家の一室に、煌々《こうこう》と灯りが点っていた。畳敷きの広い部屋に面した縁側が開け放たれ、中で白装束の男たちが舞っているのが見える。

最初の印象は、本当に普通の民家が舞台なんだな、というものだった。縁側の内外に20人ほどいて、室内で舞われる神楽を見物している。縁側に陣取る里の人の多くは、毛布を持参して膝にかけていた。

観光客がどのぐらい交じっているのかはわからないが、全体に親戚が集まったような気安い雰囲気があって、あるいは純粋な観光客はわれわれだけなのかもしれない。よそものにとっては、なんとなく居心地の悪さを感じるぐらいの地元感である。

対する私自身は、これまでこういう親戚の集まり的な空間をずっと避けて生きてきたようなところがあり、その意味でも落ち着かなかった。

私は、小さい頃から親の仕事の都合で引っ越しを繰り返し、最終的にニュータウンで思春期を過ごしたから、故郷と呼べるような土地がない。当然、その地に代々伝わる神楽みたいな伝統行事とも無縁に暮らしてきたし、地元の祭りみたいなものにも全く与《くみ》せず生きてきた。そんなものに係わると面倒くさそうとか、もっと言えば古い時代に属する辛気臭いものというイメージさえ持っていた。つまりこれまでまったく興味関心がなかった世界なのだった。

それを今回見てみようと思った自分が自分自身でも少し意外だったけれど、よくよく気持ちを整理してみると、神様のお面を使った舞いが見たかったというのが最大の理由のように思う。

私は昔から、お面や仮面に興味があった。これまではただモノとしての異形《いぎょう》さ、異世界っぽさに惹かれていたのだが、それをつけて舞うことでいったいどんな世界が作り出されるのか、そういう観点で見てみると、神楽も面白そうに思えたのだ。

高千穂の夜神楽では神面《しんめん》のことを「おもて様」というらし

おもて様

い。「おもて様」が舞うところを見たい。

われわれが神楽宿に到着したとき、舞っていた4人の男たちはみな素面《すめん》だった。私は縁側にあがって、「おもて様」の登場を待つことにした。


南国宮崎とはいえ、12月の山里の夜はしんしんと寒かった。

神楽宿になっている農家は、見物の人たちのために縁側を開け放っているので、神楽を舞う男たちも寒い部屋で舞うことになって、見るからに薄い白装束が気の毒に思えた。

われわれが到着したときに舞われていたのは、「岩くぐり」という神楽で、これは剣の舞いということだった。剣を手にした4人の男たちが、ゆっさゆっさと舞い、また、ゆるーりゆるーりと舞い、ふわっと移動したかと思うと片足立ちでぴょンぴょン跳ねたりした。

舞い手は、歳のいった男性と若者が交じっていた。ときどき踊りを間違えては苦笑いしたり、小声であぁだこうだ年配者が指示を出しながら舞っているのが、微笑ましい。

その分なんだか本格的でないものを見せられている気持ちになったのは仕方のないことだが、この舞いを仕切っている一番の年長者がひとりで舞う段になると、舞い手の無表情が見る側をだんだんと圧倒し、本格的なものを見ている気になってきた。舞いは同じ型の動きを繰り返しながら続き、変化を期待していると飽きるものの、その単調さのなかにじわじわと何かが宿っているような気配がし始めたのはさすがであった。

私はかつてミャンマーで夜通し霊媒師が踊るのを見たことがあるが、そのときの光景に似たものを感じた。霊媒師はやがてトランス状態に陥り、最後は見物客にご神託を授けるのだが、この神楽もこのまま舞い続けていればトランスするのかもしれない。しかし、そこまでいく前に「岩くぐり」は終了。

続いて「袖花《そではな》」に移ったが、ここでも「おもて様」は登場せず、素顔の男たちが舞った。うちの近所にいてもおかしくない普通の顔立ちの男たちを見ていると、つい、この男性は普段何の仕事をしているのだろうとか、舞いは下手だけど顔は利発そうなあの男性は、実生活では女性に人気があるんじゃないかとか、そっちの真面目そうな青年とこっちの不良っぽいワルガキ風の若い衆は、普段仲良くやれてるのだろうかとか、俗なことばかり考えてしまう。

そして地元の男たちがこうして神楽を練習して披露しているその責任感と結束について思い、偉いとか立派だとか練習大変そうとか、しまいには自分が町内会の理事をやらされたことかとか思い出したりして、なんかもう、あああ、っと頭を振り払いたくなった。せっかく神楽を見に来たのに全然集中できない。早く「おもて様」を被ってほしい。

そして、いくつかの舞いを経て、ついにそのときはやってきた。

「おもて様」が、いよいよ姿を現したのだ。

それは「七貴人《しちきじん》」という舞いで、次々と「おもて様」が出てきては、キメのポーズをとってみせた。同じ男たちが舞っているのであっても、仮面をつけるとそこに何か力強いものが宿ったように感じられる。怒ったような笑ったような、あるいは何か言いかけたまま固着したような仮面の表情が素晴らしい。

表情が未完成なゆえに、見ている側が勝手にそこに何かを投影してしまうのだろうか。むしろ「おもて様」の言いたいことは直接胸に伝わってくるようだった。やっぱり仮面だよ、仮面。期待通りだ。私は急速にのめりこんでいった。

神楽のクライマックスのひとつ、「御神体《ごしんたい》」もしくは「酒こし」と呼ばれる舞い。イザナギとイザナミの国産み、子授けの舞い。ユーモラスな表情の男神と女神が登場し、卑猥な動きで笑いを誘う。

それはある意味ベタな見世物ではあるのだが、こうして民家の広間で見ると許せてしまう。

男神は客席に入り込み若い女性に抱きついて浮気したりするが、それを女神が連れ戻し、また浮気し、連れ戻し、とやって、そんなコント風の笑いも心地いい。神楽定番ギャグ。毎年同じギャグでもいい。先鋭化を目指さなくていい。いつから笑いは常に新しくなきゃいけなくなったのだ、と「御神体」が諭《さと》してくれているような気がした。

「おもて様」の活躍はその後も続き、さらにアクロバティックな「八鉢《やつばち》」、大蛇と闘う「蛇切《じやきり》」を見る頃には、もう明け方の5時になっていた。

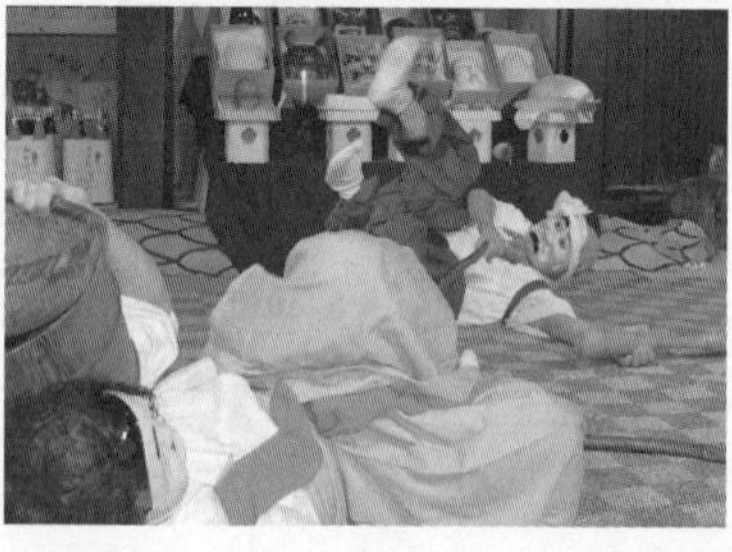

さすがに一睡もしないでは今日の行程は乗り切れない。テレメンテイコ女史と私はここで神楽宿を後にして、ホテルに戻った。神楽自体は夜が明けても続くというから、大変な重労働で、最後まで付き合いたい気持ちもあったけれど、さすがに体がもたない。

話のついでに寄った形の夜神楽、若い頃なら、きっと面白く見なかったと思うが、私もすっかりおっさんになって、代々続いてきた伝統芸能の味わい方がわかった気がしたのだった。

2　手漕ぎボートの聖地

さて、倒れこむようにして朝6時に眠り、10時起床。

「よく眠れましたか」

「眠ったような気もしますし、眠ってないような気もします」

昨夜9時から12時まで寝ているので、計算上は計7時間寝たことになるが、そう都合よくテキパキ眠れるものでもなく、たぶんその半分も熟睡できていない。

そんな頭でレンタカーを借り、高千穂峡へ向かうことになった。

「でも昨日昼間休んでおいてよかったです。あれがなかったら、夜神楽は起きてられなかったです」

テレメンテイコ女史が言った。

いかに私の配慮が役立ったかを物語るコメントである。そこまで考えて私は午後便のバスに乗ったのだ。真相はそういうことなのだ。

今回の旅の最大の目的地である高千穂峡までは、すぐだった。山かげの、道路がくねくねと曲がった狭い場所に駐車場があり、観光客がうろついていた。最大の目的地にしては少々せせこましい。

駐車場の脇から下へ下りる仮設の階段があって、下りきったところがボート乗り場のようだ。周囲を見晴らせる場所がなかったので、渓谷の全体像が把握できないまま、われわれはボートに乗り込むことになった。

ボート乗り場は、幅にして50メートルほどの川の隅に設置してあり、上流には断崖に挟まれた谷が、門のように立ち塞がっていた。下流はやや広い瀬となって岩が露出し、ロープを張って行けないようにしてある。流れはゆるく、ボートに乗るにはちょうどいい環境だ。

鴨がたくさん浮かんでいて、ワーハッハと笑っていた。

「テレメンテイコさん！　鴨が笑ってます」

「啼《な》いてるんですよ」

「笑ってるように聞こえます」

こんな啼き方の鴨は初めて会った。観光客がたくさん来て、エサをくれるから笑っているのだろうか。

私はゆっくりと上流の門のほうへ漕いでいった。

果たしてこの門の先にどのような世界が待っているのか期待が高まる。長い長い年月を経て、ついにここにやってきた。

私は確信するのだが、おそらくここが、日本手漕ぎボートに乗って面白いスポット・ナンバーワンだろう、そう断定して差し支えない。

多摩川だとか、宝ヶ池だとか、どこかの城のお濠だとか、貸しボートというのは全国そこらじゅうにあるけれど、たいていのスポットは、乗り場から乗れる範囲が全部見えてがっかりである。見えているなら、わざわざボートに乗っていく必要がない。しかも行ける範囲が四角かったり、丸いだけだったりする。そんな場所でボートに乗る意味がわからない。手漕ぎボートに乗るのは、探検したいがために乗るのである。

そりゃ、公園やお濠で探検といったところでたかが知れているというか、本当の探検でないのは百も承知だ。しかし人は、疑似体験として、複雑に入り組んだ水面を、あの先を曲がればそこに待つのは黄金郷エルドラドか！　はたまたワニの襲撃か！　手に汗握る大冒険！　ってことで、そういう妄想を味わうために手漕ぎボートに乗るわけなのだ。それなのに池丸くてどうする。長方形のお濠でいったいどこを探検せよというのか。乗り場から全体が見えて、どこに未知の世界が待っているのか。

そういう本質をわかっていない貸しボートが多いなか、見よ！　この高千穂峡の、この門。

ワーハッハ、ワーハッハ。

いかにもインディ・ジョーンズなシチュエーション。いったいこの先にどんな魔境が待っているか、探検への期待は膨らむ一方だ。

そしてそれこそが手漕ぎボートがここにある意味であり、世の貸しボートは、一度ここに来て真の貸しボートとはどういうものなのか、その目でとっくと確かめるがよい。

高千穂は、神々の聖地、パワースポットであると同時に、手漕ぎボートの聖地でもあるのだ。

ボートが門に進入すると、すぐに滝が現れた。

おお、いきなりのクライマックス！

東京ディズニーランドのジャングルクルーズでも滝は重視されていて、ボートがそのそばを二度も通るコース設定になっている。滝は探検につきもの、滝なくして川の探検はないと言っても過言ではない。

そしてどうやらこの滝が、昔私が何かの写真で見た高千穂峡を象徴する滝のようであった。両岸は柱状節理《ちゅうじょうせつり》の絶壁となってそそりたち、その上には木々が覆い被さってジャングル感もばっちり。通り過ぎた位置から滝を見ると、日光が射して、まさに私が見たかったのはこれだと言いたいぐらいの素晴らしい光景がそこにあった。

んんん、これでこそ手漕ぎボートの聖地高千穂。わざわざ来た甲斐があったというものだ。

実は私には、ここに来るまでずっと気になっていた問題があった。

世に流布されている高千穂峡の写真は、どれを見てもこの滝が写っている。ということは、ひょっとして、この滝以外に見どころないんじゃないか。探検できるのもここで終わりなんじゃないか、ということだ。

しかし、それも杞憂《きゆう》であった。峡谷はまだまだ先へと続いて、ボートでさらに進入できるようになっている。素晴らしい！

この先は写真でも見たことがない未知の領域。いったい何が待っているのだろう。

私は、峡谷の奥へと慎重にボートを進めた。

水はまずまずの透明度があり、泳ぐ魚が見えた。

川の両岸は、岩が柱のようにそそり立って、まるで人工物かと見紛う絶壁が続いている。

途中、水の中には階段のようなものも見えた。

狭い回廊を進んでいくと、一瞬、両岸が後退し、やや広くなったトロ場に出た。水面に岩が露出し、ボートがぶつかりそうになったが、流れが緩やかなので危険はなかった。ボート乗り場はすっかり遠く、滝さえも視界から消えて、このへんまで来ると、誰もわれわれのボートをケアしてないのは明白だった。ここで沈没しても気づいてもらえまい。そう思うと、ますます探検気分が盛り上がってわくわくした。

川はさらに右へ折れ曲がって続いていた。あたりには、とくに引き返せという標識も見当たらないので、さらに奥へ進む。

貸しボートのレンタル時間は30分なので、計算上15分漕いだら引き返さなければならない。しかし、もし15分で最奥まで到達できない場合でも、延長して全容を解明するつもりだった。

右に曲がった先は、だんだん狭くなり、両岸もまた高く立ち上がってきた。

右手に雨がしのげそうな小さな洞窟があったので、わざと入ってみる。洞窟というより凹みといったところだが、そういうちょっとしたスポットは、せっかくだから、いちいち体験してから先へ進むのである。

上に橋が架かっているのが見える。小さなもので、それだけこの峡谷が狭いことを表していた。川はまだまだ続き、このへんまでくると、遭難しても発見されるのは死んでからだろうという気がした。このへんまで来ているボートは他にいなかった。

いったいこの先には何が待ち受けているのか。ディズニーランドのジャングルクルーズならば、このへんでゾウとか未開人とか謎の遺跡が出てくる頃だが、そういうものはまだ見えてこない。時はまさに漕ぎ始めてから15分が経とうとしていた。

細い水路をゆっくり進み、ゆるやかに右へカーブすると、突然終点だった。

水中の階段

トロ場のさらに奥へ

終点

しばらく先に瀬が見え、そのだいぶ手前に川を横切って縄が張られている。さすがに手漕ぎボートで瀬を越えることはできないから、ここまでということだ。瀬の上には大きな橋と小さな橋が架かっていて、後で確認したところ、それは高千穂大橋と神橋《しんばし》と呼ばれる橋であ

った。

できれば瀬のすぐそばまで肉薄してみたい気もしたが、縄も張られているし、ちょうど15分が経っていたこともあり、引き返すことにした。

本当は、帰りはまた別のルートがあったりすると面白いのだが、そういうものはないようだった。そのへんはジャングルクルーズとは違うのであった。

それにしても、たった30分の貸しボートでこれだけ楽しめたのは、素晴らしい。全国の貸しボートにすべて乗ったわけではないが、ここはまず日本一のボートスポットと見て間違いないだろう。

聖地高千穂は、貸しボートでも聖地だった。

もしこれ以上に探検感のある貸しボートを知っている人がいたら、ぜひ宮田まで知らせてほしい。実際に乗りに行って、果たしてどこが真の日本一かこの目で確かめたい。

ここに、高千穂峡のボート地図をざっくり描いておく。実測したわけではないので大まかな地図だが、全国に約3000万人いると言われる貸しボートファン（テキトー）の参考になれば幸いである。

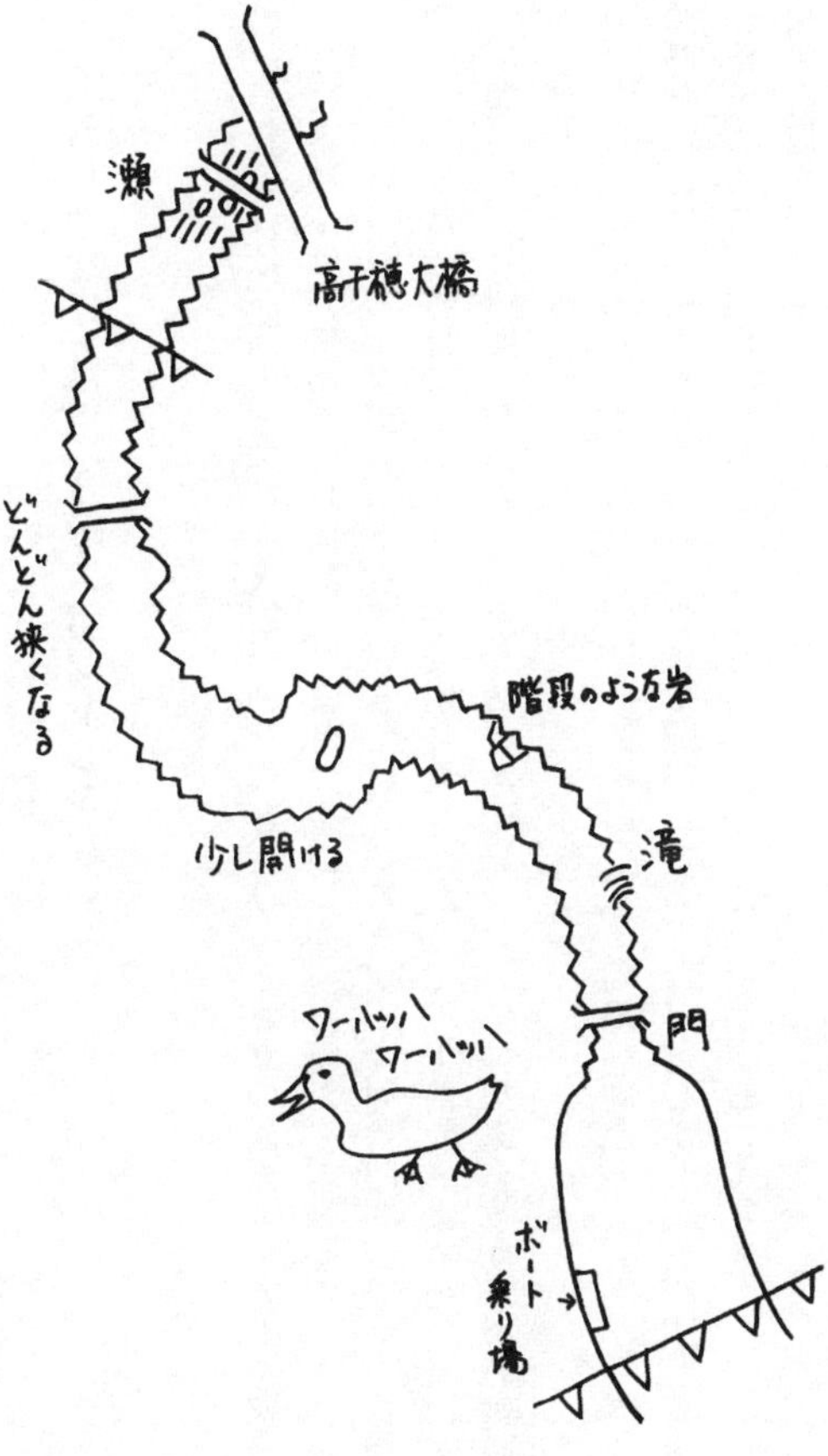

高千穂峡貸しボート概略図

3　陽気じゃなければ、B級スポットじゃない

この後われわれは、高千穂神社や天岩戸神社《あまのいわとじんじゃ》など、ひととおりの観光スポットを巡ったら、再びバスに乗って延岡に出た。日向灘《ひゅうがなだ》、つまり太平洋に面した町だ。本来なら、ここから海に沿っていろいろ観光しながら南下していきたいところだが、今回は時間がない。

時間がないのは、初日に私がバスの午後便に乗ったからで、午前便に乗っていれば1ヶ所や2ヶ所観光できた可能性がある。しかしあれはテレメンテイコ女史を救うための処置であったから、やむをえない。

延岡でJRに乗り換えると、われわれは一気に南下して高鍋《たかなべ》へ向かった。

宮崎県と縁遠い私は、そんな地名これまで聞いたこともない。しかし、高鍋駅から車で少し行ったところに、われわれがどうしても訪れたかった場所があるのだ。

九州民俗仮面美術館。

私設の美術館だが、その膨大な仮面のコレクションは国に認められ、多くが九州国立博物

館に収蔵された。おかげで一時コレクションが減ったものの、その後また着々と集まっていると聞く。

高鍋の駅まで館長の高見《たかみ》乾司《けんじ》さんが迎えにきてくれた。こんなふざけた旅行者なのに、長年九州の仮面と民俗の研究に携わってきたその世界の第一人者に、わざわざ駅まで迎えに来てもらい、大変恐縮であった。

車でどのぐらい走っただろうか、その美術館は、森の中に静かに建っていた。なるほど公共の交通機関でここまで来るのは至難の業だ。迎えに来てもらわなければ、たどり着けなかったかもしれない。

美術館といっても、外見はもの

どちらも九州民俗仮面美術館の仮面

ものしいものではなく、大きめの古民家といった感じである。中に入ると、壁や天井にたくさんの仮面がかかっていた。

ほとんどが神楽面《かぐらめん》とのこと。

おお、「おもて様」！

私が見たかった「おもて様」が、こんなところに大集結していた。

たくさんの仮面に見つめられ、背中がぞくぞくする。

幼い頃からの仮面好きでありながら、これまではチベットやアフリカやニューギニアの仮面などに比べて、日本の仮面は地味に思えてあまり熱心に見てこなかった私だが、今はその地味さにこそ味わいが感じられる。アフリカやニューギニアは、わざとウケ狙っているんじゃないかと思うほどだ。

神楽には平安時代が残っている、と高見さんは言った。

その舞いは古事記をベースにしており、その意味で

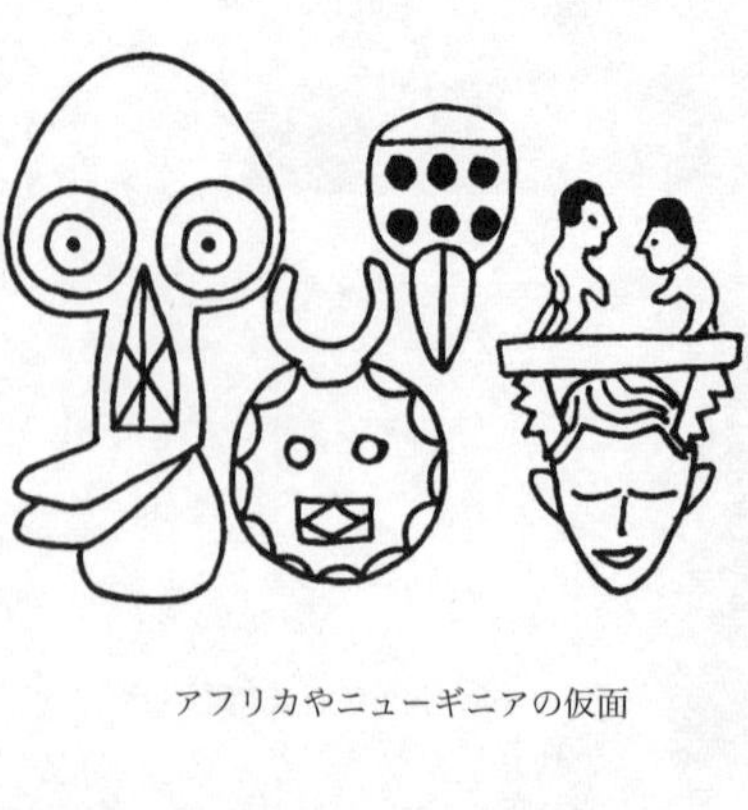

アフリカやニューギニアの仮面

は大和王権の物語だが、実は土地の神々による不服従の精神が貫かれているとのこと。たとえば鼻の曲がった仮面は、支配者に挨拶する先住民の姿を表しているそうだ。そんな話はまったく知らなかった。

そのほか、目のところに穴が開いていない仮面は、守護面といって、倒した敵の霊が祟《たた》らないように敵の霊を封じ込めたものだとか、鹿児島では明治時代に、廃仏毀釈《はいぶつきしゃく》によってこうした伝統が徹底的に破壊されてしまったなどというお話を聞いていると、神楽の背景や土地の歴史をもっと知りたくなってくる。もともとは仮面の持つ異様な雰囲気を面白がっていただけだったが、だんだん自分は考古学者を目指すべきでなかったか、という気持ちになってきた。

そういえば以前、海辺でいい感じの石ころを拾っていたときは地質学者になるべきだったと思ったし、シュノーケリングで海の生きものを見ていたときは生物学者になればよかったと思ったが、本当は考古学者だった、今はそんな気がする。

「神楽は、世界のどこに出しても恥ずかしくない総合芸術です」

高見さんの熱い言葉を胸に、われわれはふたたび駅まで送ってもらい、恐縮しつつ別れを告げた。

短い見学時間だったにもかかわらず、私はすっかり感化され、よし、大人になったら、考古学者になるぞ！　という強い思いに突き動かされたのだったが、ホテルのユニットバスで、洗面台の鏡に映っていたのは、大人も大人、白髪交じりのおっさんの顔で、営業時間は終了しました、またのご来店をお待ちしています、とおでこに書いてあったのだった。

翌日はタクシーに乗って、高鍋大師《たかなべだいし》に向かった。

高鍋大師とは、昭和の中頃に、岩岡保吉《いわおかやすきち》という人物が自らの力で半生をかけて作り上げた巨大石像群で、田畑の中にもっこりとそびえる小山の上にある。あたりには視界を遮《さえぎ》るものがないため道中ずっと見えており、遠望しただけでヘンテコで巨大な像がいくつも立っているのがわかった。もうその光景だけで異様なオーラを放っている。素人が作ったものだから、いわゆるB級スポットの類《たぐい》と言えるが、今では高鍋の正当な観光地として認められているようだ。

最近はテレビでも全国各地のB級スポットが紹介されるようになって、当初そういう場所が大好きだった私も、だんだん飽きてきた。というか、正確にいうと、変であれば何でも面白がることができた時代は終わり、がっつりと手ごたえの感じられるB級スポットだけ見たい。B級スポットにもB級スポットなりの完成度、質の高さを求めるようになったというか、つまりは目が肥えたのである。

スサノオノ
ミコト

明治百年

大なべちずこ
四十七才

明治
百年
之人
まもれ
昭和四十三年

その意味で高鍋大師は、事前に調べた限りでは、並みいるB級スポットのなかでも、その大きさや完成度、ひとりの人物が半生をかけて作り上げたという物語性、そして何より石像群自体の魅力が抜きんでていて、好感が持てそうだと感じていた。

タクシーで坂を上ってたどり着いてみると、好天だったこともあり、いきなりいい感じであった。

期待にたがわぬ完成度だ。

いや、完成度は低い。石像の完成度は低いけど、B級スポットとしての完成度が高い。造形のユニークさもあるけれど、たぶん明るさがポイントである。私が思うに、B級スポットは陽気でなければならない。陽気は絶対条件であり、高鍋大師は、相当陽気であった。陽気すぎるぐらいであった。

本殿なのか管理小屋なのか、内部に弘法大師《こうぼうだいし》像が祀られた平屋があり、そこにあった説明書きによれば、岩岡保吉さんは29歳のときに四国遍路をして、そのときに高鍋に八十八ヶ所を作ろうと構想し、これを作ったのだそうだ。米穀販売業で成功したとあるから、道楽だったのかもしれないが、人生の半分をこれに費やしたその勇気、仮に人生がムダになっても悔いはないという、その決意が素晴らしい。

周囲はよく手入れされていて、石像たちが草に埋もれることもなく、眺めも広々として、普通の行楽地としても味がある。ほとんど観光客がおらず、ひとり占めできるところがまたよかった。

日本にB級スポット数あれど、ここは極上のスポットだろう。

不意にテレメンテイコ女史の携帯が鳴った。

女史がしばらく誰かと話して、小さくうれしそうな叫び声をあげた。何かと思えば、旅の出発前に電車ですられたと思っていた財布が、会社で見つかったのだそうだ。

思わぬニュースに、女史は満面の笑みとなって、

「高千穂でお清めしたのがよかった」

と言い、何かしましたっけ？と訊くと、私がバスでやってくるのを待つ間、日本酒を飲んでいたと白状したのだった。

「清酒でお清めしたんです」って、ただ酒飲んでただけじゃないか。

ともあれ、財布が見つかったのはよかった。私には、ここ高鍋大師のご利益《りやく》のような気がする。というか、もとをただせばそんな縁起のいい話ではなく、テレメンテイコ女史の単なる不注意なのであった。

このあとわれわれはさらに南下し、有名な鵜戸《うど》神宮なども訪れたが、宮崎の観光地は、ど

こも陽気に感じられて、さすが南国と感じ入った。30年ぶりだと思っていたけど、そういえば、ほんの3〜4年前にえびの高原に行ったのを不意に思い出し、そのえびの高原もいいところだったとあらためて宮崎の良さを嚙みしめたのだった。

高知・徳島

1 鬼ごっこ仕様の沢田マンションに泊まりにいく

高知の沢田マンションには、前々から一度行きたいと思っていた。

知る人ぞ知る5階建ての手造りマンションで、マンションを手造りという時点で十分に正体不明だが、場当たり的に造っていったせいで全体が迷宮化してわけわからなくなってる建物の構造がまた私好みである。一部には日本の九龍城という人もあるようで、そういう得体の知れない建物は一度見てみなければならない。

沢田マンションについては、いくつか本も出ており、私も、古庄弘枝《こしょうひろえ》『沢田マンション物語』（情報センター出版局）と、加賀谷哲朗『沢田マンションの冒険』（ちくま文庫）の2冊を読んでみた。マンションを手造りでコツコツ造ったこと自体もそうだが、沢田夫婦の破天荒な生きざまは驚きの連続であった。沢田嘉農《かのう》氏32歳のとき妻の裕江《ひろえ》さん13歳と結婚して、15歳で第一子誕生っていうだけでも、その無茶苦茶さが知れるというものだ。そもそもマンションも違法建築だし、それを許す役所のおおらかさも今ではとても貴重なものに思え、細かいこと言う昨今の風潮で取り壊されたりしないうちに、前置きはいいからとにかくさっさと見にいくことにする。

素泊まり一泊３５００円でマンション内に泊まれるというので、予約してテレメンテイコ女史と出かけた。

夕方に高知龍馬空港に到着し、バスで高知駅に出て、タクシーに乗って現地に向かう。高知といえば、桂浜とかはりまや橋とかいろいろあろうが、そんなのはどうでもよくて沢田マンション直行である。

到着したのが夜だったせいか、初めて見た沢田マンションに、さほど異様な雰囲気は感じられなかった。それと知らなければ普通のマンションと思って気にも留めなかったかもしれない。そのぐらい周囲に馴染《なじ》んでいた。

しかしよくよく見れば、正面にいきなりリフトと呼ばれるエレベーターの囲いが聳《そび》えていたり、マンション前にスロープがあったりして、明らかに異形《いぎよう》であり、私のほうがあらかじめ本を読みすぎて、慣れてしまっていただけだった。

とりあえず、チェックインしようと思ったところ、マンションだからフロントがあるわけでなし、管理室もないし、どうしていいかわからない。そこにいた男性をつかまえて聞いてみると、どんどん行けるところまで上っていけ、そこが大家さんの家だ、と言われ、スロープを上り適当に階段を上っていくと、本当に民家みたいな佇まいの住居があったけれども、本当にここでいいのかよくわからない。

テレメンテイコ女史が電話をかけてみると、なぜか下の階から女性が現れ、そのまま部屋へ案内されたのだが、マンションなのに路地みたいな通路をくねくね歩き、すぐにマンションのどのへんにいるのかわからなくなって、私はもうそれだけで頭に血が上って、うりゃうりゃと武者震いのようなものに襲われた。案内された部屋の中がまた面白かったりして、いよいよ気絶するかと思ったのである。

たとえば天井のこれ。

あとこれも。

なんでこんなところに突然鉄パイプが通っているのか。

いきなり微細なところに着目してしまったが、後に聞いたところによれば、たぶん配水管か雨漏り対策用の管ということで、そんなものが天井に隠れてないで堂々と突き出しているところが好感度大。部屋も変な形で、強引なカウンターキッチンや、そこだけ高くなった畳の寝床があったり、なぜかコンセントが天井近くにしかなかったりと、そのテキトーっぷりは、〝東南アジアの安宿〟的な安心感に満ちている。

マンションの住人で岡本明才《めいさい》さんという男性がマンション内を案内してくれるというので会いに行くと、さっき、どんどん上っていけ、と教えてくれた人がそうだった。

岡本さんの案内で、マンションを見て回る。

階段を上ると、折り返してさらに上への階段があるなんてことはほとんどなくて、次なる階段は少しズレた位置にあったり、階段なんてなかったり、階段じゃなくて坂だったり、通路がメッシュになっていて下が見えたり、どう見ても完璧な鬼ごっこ仕様とでもいうべき構造。メッシュの奥にガッツ星人の姿が見え隠れしても、違和感なさそうだ。

いくつかの部屋にもお邪魔させてもらった。

住人の多くは年配の方だそうだが、若い人もそれなりにいて、わざわざ沢田マンションに住むような人だから、みな個性的に住んでいて面白い。参考までに、岡本さんが撮影した室

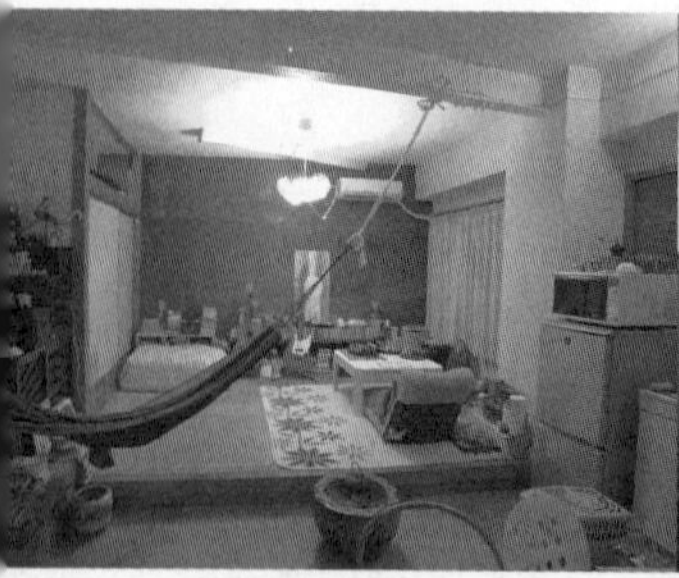

内の写真を載せておく。岡本さんは実は写真家でもあるのだった。
　そしてオシャレに住んでいるそんな部屋にも天井に謎のパイプがあったりして、またまた好感度大。
　ただマンションじゅうで、雨漏りはしているようだ。中には、天井の下にトタン板を張って雨漏り受けにした二重天井の部屋もあって、そんな部屋の外には、水を逃がすパイプが突き出ていた。
　さらには雨が降ってないのに雨漏りする部屋もある。というのも、上に池があるのらしい。マンション4階に池があるのだ。翌朝見に行くと、そりゃ漏れるわ、と言いたくなるぐらいのでっかい池であった。

他にも、床が傾いているとか、キッチンの換気扇が低くて料理していると髪が吸い込まれるとか、そもそも換気扇が逆で風が吹き込んできたとか、トイレの鍵が外側についていたとか、さまざまな失敗と試行錯誤を重ねながらも、住民たちがたくましく暮らしているのが沢田マンションの特徴であり、ここでは細かいことは気にしないことが重要である。

こう書くとダメな建物のように思うかもしれないけれども、そうとも言い切れない。凄いのは、過去に何度か火事があったが、いつも燃えるのはその部屋だけで隣に延焼しないということで、消防の人が驚くのだそうである。

とにかくいろいろ型破りなのだ。

なんだか自分も住んでみたいような気がしてきた。ここには旅の途中のような感覚で住める気がする。

しかし岡本さんによれば、住んでみたいといって引っ越してくる人は案外長続きしないのだという。やはり憧れだけでは、雨漏りに対応できないのかもしれない。

岡本さんが紹介してくれた若い住人女性も、別に沢田マンションに住みたかったわけではなく、気がつけば入居していたのらしい。最近東京からIターンしてきたといい、聞けば仕事はフリーライターだそうで、フリーだから何も東京にいることはないと、親類もいない高知にどーんとやってきたと語った。

実に親近感の湧く話だ。完全に私と同じ業種ではないか。

そんなわけで、常日頃、東京の人の多さに辟《へき》易《えき》している私は、大変興味深く彼女の話を聞いたのだったが、すぐに思い浮かんだのは、風林火山のような妻の顔で、一度住んだら動かざること山の如し。自分はずっと日本一無粋な街東京に住むのかと、暗澹《あんたん》たる気持ちになった。

ちなみに、Iターンの彼女の部屋は、こんなカタチだった。

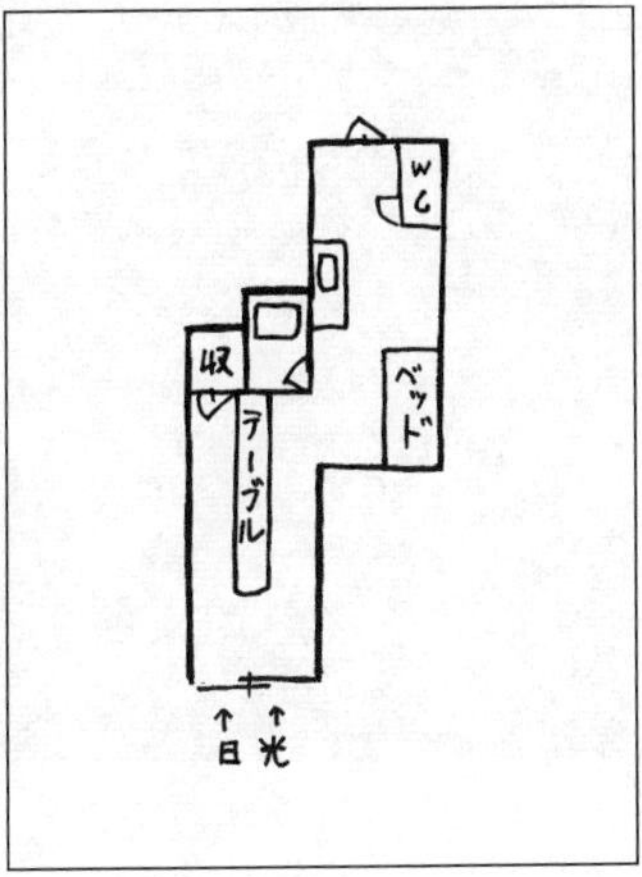

住みにくそうでもあり、逆に面白そうでもあり、それを楽しめる、もしくは気にしないかどうかが、分かれ目なのだろう。

翌朝。私はテレメンテイコ女史と、あらためてマンション内を探検した。

このマンションの魅力は、やはり5階まで車で上れる道路の異形さだと思う。屋上パーキングのある商業施設などにもスロープはあるが、マンションでこんなのは珍しいし、まっす

スロープを上って振り返ると、そこらじゅうに草が生えているのがわかるが、これもまた無秩序感を助長するのに役立っている

何よりうれしいのは錯綜する通路。何ごとも迷路的であることが重要だ

床の高さもまちまち

ここは何階だっけ？

屋上に上ってみると、畑の奥に小さな建物が

ぐでなくて、微妙にうねうねしているところが素晴らしい。このうねうねによって、マンションが生きもののような官能的な雰囲気を帯びるのだ。

写真を載せているときりがないので、このへんにしておくが、日本の九龍城というだけあって、何が出てくるかわからない迷宮っぷりにどきどきした。

泊まった部屋には、宿泊者ノートがあって、めくってみると、わざわざ泊まりに来る人が少なくないようだ。もちろん、みなこのマンションが目当てで来るのである。たまたま高知で宿を探していて……なんて人はいない。ついに念願の沢田マンションに来ました！　と感動の言葉がたくさん書きつけられていた。

世の中には、わざわざここに泊まりに来る変人が大勢いるということだ。

いや、変人ではない。人間はみな、迷路みたいな建物に惹かれるのである。住むのはちょっと、ということはあるかもしれないが、見るだけなら見たい、1泊ぐらいならしたい、中をうろうろ探検したいというのが、人間の本能なのである。

最後に、マンション1階の柱に空室情報が出ていたので、載せておく。引っ越したい方は是非。

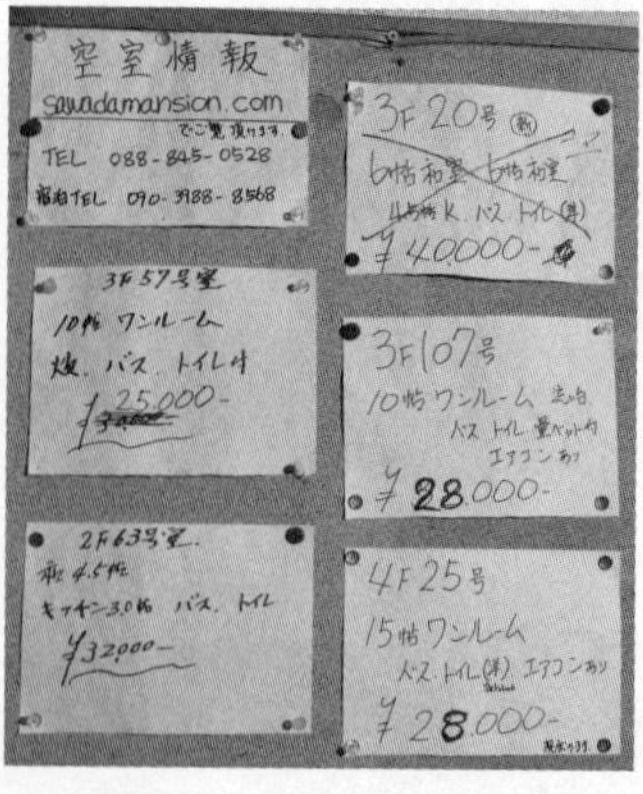

2　ジャングル風呂まであと少し

さて沢田マンションを堪能し、大満足な私であるが、せっかく四国に来たので、もっとどこかに行きたい。

それで、徳島の農村舞台に行ってみようと考えた。

人形浄瑠璃《じょうるり》を見せる小屋が徳島の農村には点在していて、地元の人たちによって一定の日に上演されるようだ。宮崎の神楽《かぐら》が面白かったので、徳島の伝統芸能にも触れてみたい。

徳島市は、高知からだとだいぶ距離があるため、レンタカーで行くことにした。どうせならまっすぐ徳島に向かうのではなく、室戸岬《むろとみさき》経由で、海沿いをドライブすることにする。

テレメンテイコ女史とふたり、傍から見れば、まるでドライブデートのような趣きだが、そういう艶っぽさは微塵《みじん》もない。

「私も免許は持ってるんですが、ペーパードライバーなので、運転は宮田さんひとりでお願いします」

あるのはこのように事務的で冷え冷えとした会話だけであった。

女史の希望で、まずは牧野植物園に立ち寄る。高知県立牧野植物園は、植物学者牧野《まきの》富太《とみた》郎《ろう》の業績を記念して建てられた日本でも屈指の植物園だ。女史はその温室に興味があるというのだった。

なるほど植物園の熱帯温室というのは、そそられる代物ではある。私も昔からジャングル風呂が好きだったし、熱帯の植物には興味があったのでその気持ちはわかる。

しかし、だからといって、熱帯温室に行きたいとは思わない。

なぜかというと、今まで、面白い熱帯温室に一度も出会ったことがないからだ。

思えば私は、これまでにも各地の植物園で機会あれば温室を訪ねてきた。国内だけでなく、インドネシアに行ったときも、ジャカルタのボゴール植物園に足を延ばしたりした。実は結構、気になっているのである。今もシンガポールの植物園に行きたくて仕方がないぐらいだが、残念ながら、これまでに植物園でワクワクしたことは一度もなく、むしろいつも裏切られてきたという思いがある。

熱帯植物が鬱蒼《うっそう》と生い繁る建物と聞けば、行ってみたい気持ちになるのに、行ってみると全然満足できないのはどういうわけだろう。そのせいか、植物園は、少なくとも日本では動物園や水族館ほど流行っていない。

思うに、実態がイメージに追いついていないのではないか。どの熱帯温室も、熱帯っぽさが足りないのだ。熱帯というからには鬱蒼としていてほしいのに、どこもそうなっていない。さらに植物の密度だけでなく、インディ・ジョーンズ感も足りない。植物の陰に何か得体の知れないものが隠れている気配がない。

熱帯温室は、植物の知識を深めたり、植物と親しむための施設と勘違いされているのではないか。

そうじゃないのだ。ほとんどの人は植物の知識になど興味はなく、魔境のようなジャングルに迷い込みたいと思って熱帯温室に来るのだ（私調べ）。

その意味では、ジャングル風呂のほうがよほどその真髄を突いている。ジャングル風呂で植物のお勉強をしようという人はいない。植物と親しむ気もない。それでもそこに植物が必要なのは、植物があることによって、その場の味わいが濃厚になるからだ。植物園の温室は、基本、風呂にすべきである。

などというと、誰もそんなものは求めていない、その証拠にジャングル風呂など日本ではすっかり廃《すた》れているではないか、と反論する人があるかもしれない。

それにはこう答えたい。今までのジャングル風呂は、中途半端だったと。

真のジャングル風呂は、一度奥へさまよいこんだら簡単には出てこられないぐらい、その

ぐらい植物の迷宮になっていなければならない。
度胸のない者は、入口付近の初心者用ジャングル風呂でぱちゃぱちゃ遊んでいればよく、真の勇者のみが、奥へ進むことが許される。もちろん全ての者が無事に戻れる保証はなく、多くの者は途中で尻尾を巻いて逃げ出すか、あるいは最悪の結果を招くことだってあるかもしれない。それでも、黎明の時の王たる者よ、密林の奥深く、永遠の命が手に入ると言われる伝説の源泉を求めて、いざ、行くのだ！
というような風呂が、今求められているのである。
牧野植物園の温室内部は、テレメンテイコ女史と入ってみると、肉厚な葉っぱの巨大植物や、恐竜が似合いそうな羊歯《しだ》植物などが、わしゃわしゃ繁って鬱蒼としていた。

その点はよくできている。たいていの温室は、第一印象からしてスカスカでがっかりするものだが、ここはそういうことはなかった。

先の見えない順路に従って歩いていくと、滝と池があり、魚まで泳いでいたのは、さすがである。

この場合、池は風呂の一種と考えられる。まず池で試しているのだろう。ここから徐々にジャングル風呂化していこうという攻めの布陣《ふじん》だ。

池のそばにはイカみたいな形の変な花も咲いていたりして、もしこれが、せめて温水プールであってくれたら、私はここが好きになれそうだった。

他にも天井近くまでからまる蔓《つる》植物とか、ぼってりと巨大な花とか、蓮池もあったし、その充実度たるや、さすが牧野植物園。風呂なしの植物園では、国内屈指と言ってもいいだろう。

「植物の知識があれば、かなり面白いでしょうね」

テレメンテイコ女史が満足そうに言った。

「これで風呂があれば、申し分ないですね」

「風呂？」

「鬱蒼としたジャングルの中の風呂。それこそが今、植物園に求められていることではないでしょうか」

女史は、また始まったという冷ややかな表情であった。

「風呂にしたら、ヒルとか出そうじゃないですか」

ん、ヒル？

「それに、すごい派手な毛虫とか、そういうのが水面に落ちてきたりしたらイヤじゃないですか」

毛虫……。

ああ、そういうのは私はパスである。真のジャングルではなく、限りなくジャングルに近い程度の風呂がよい。ヒルとか毛虫とかワニ、ピラニアなどはいない感じの。というか、そういうのはきっと温泉の奥のほうにいるから、伝説の勇者になりたい人だけが、勝手に奥へ入っていけばいいのであった。

植物園を見物したあと、いよいよわれわれはレンタカーに乗って高知市を脱し、海沿いの道に出た。室戸まで一気に走る。

地図を見ると、室戸岬は実にそそられる形だ。ここほどキンキンに尖った鋭角的な岬は他になく、いったいどれほどエッジが立っているのか現場を見てみたくなる。

私は四国遍路の途中にここに寄って、先端が案外丸っこいことを知ったが、それでも大局的に見ればやはり尖っているには違いなく、お遍路のときは、岬の西と東で風の強さがまったく違うことに驚いたものだ。

今回は岬の突端の宿にチェックインし、ジオパークになっている遊歩道を散策した。ジオパークというだけあって、ものすごい形に褶曲《しゅうきょく》した地層が異形の岩となって立ち上がり、植物もなんだかものものしい（次頁）。

ありきたりだけど、大自然の驚異という言葉が思い浮かぶ。

地元の人に、海を見渡せる場所に立って眺めたら地球が丸いのがわかると言われたが、それについてはわかるようでわからなかった。

それより、海を眺めると、どうしても津波が来ていないか確認してしまう自分がいた。とくに地震があったわけでもないし、注意報が出ているわけでもないけれど、なんとなくやはり南海地震のことを想像してしまうのは、東日本大震災を知ってしまった以上、しょうがないことだろう。

このあたりは集落が海沿いの低い土地にあり、背後が山になっている。もし津波が来たら、即座に山に登らないといけないが、山は絶壁となってそびえていて、上れる場所は限られて

いた。土地勘がない者にはとっさに逃げ道がわからない。それが気にかかる。宿の裏山を見ても、どこに上れる道があるのか、見当もつかない。

住んでいる地元の人たちも、ずいぶん不安なのではなかろうか。

「もし津波警報が出たら、どこに逃げるんですか」

宿のおばさんになんとなく聞いてみると、

「ここらの岩は結構もろいんで、地震で揺れたらむしろ山に近づくほうが危ない」との返事。

えっ！　だったら逃げ場がないではないか、と思ったが、

「ここは海抜10メートルあるきいね」

と言って、まるでじっとしているのが一番いいというような口ぶりだ。

いやいや、10メートルじゃ足りないでしょ。

しかし、おばさんはさらに意外なことを言った。

「ここらは南海地震のほぼ震源やから、津波もすぐ前の海で発生するきい、まだ大きくならんうちに通過するちゅうでね。高知とか須崎《すさき》のほうは、湾の奥やから、津波も大きくなるけど、ここは地形が船の舳先《へさき》みたいになっとるでしょ。だから津波も左右に分かれて、ここはそんなに高くならんそうですよ」

えええっ、ほんとに？

つまり図で描くと、こういうことだろうか（次頁）。

岬が波をかきわけるという。

本当かなあ。ほんとにそうなるのかなあ。

たしかに湾の奥のほうが津波が大きくなるとは聞くけれど、だからといって全然、波被らないってことはないんじゃないか。海抜10メートルで本当に大丈夫なのか。
実に心配になったが、おばさんも自分の命が懸かってるわけだから、適当な考えで言って

るわけではないだろう。

ただの通りすがりに過ぎない私がとやかくいうことはないと思うが、なんであれ地震が来ないことを祈ったのである。

3 日本随一の地獄と襖《ふすま》からくり

室戸岬を後にしたわれわれは、徳島県に向かって国道55号線を北上した。

このあたりはかつて四国遍路でも歩いた道で、日よけもない海沿いの国道が延々50キロ近く続く難所だった。途中、食堂も売店もなく、自販機すらほとんどないため、歩くには過酷なルートだ。

よくもこんな距離を歩いたものだと実感し感慨に浸ろうと楽しみにしていたが、車で走ると何の苦労もなく徳島県に入り、どのへんで苦労したのかとくに思い出せないまま通り過ぎていた。

このまま一気に徳島市まで行くのもつまらないので、途中、牟岐《むぎ》の町に立ち寄る。

この町の正観寺《しょうかんじ》というお寺には、日本随一と言われる地獄巡りのジオラマがあるのだ。

日本一の地獄ジオラマと聞けば、ジオラマ好きで地獄も好きな私としては見逃すことはできない。そんなのいったい誰が日本一と決めたのか、と言えば、友人の小嶋独観《こじまどっかん》氏である。

小嶋独観氏は、「珍寺大道場」なるWEBサイトを運営し、日本中、否、世界中の珍なるスポットを紹介している。「珍寺大道場」は、よくもまあこれだけどうでもいい場所を巡ったものだと呆《あき》れるほどの膨大な情報量を誇り、はじめのうちは笑って見ていられるが、そのうちに、世の中には真のヒマ人がいる、という事実に圧倒され、だんだん身が引き締まってくるという、怪しくも人騒がせなホームページだ。

そしてその情報をたったひとりでアップし続けている真のヒマ人小嶋独観氏が、正観寺こそ日本随一というのである。ここを見ずして、地獄巡りは語れないだろう。まあ、べつに語らなくてもいいのかもしれないし、語る機会もとくにないが、語れないだろう。

正観寺に着くと、広大な境内のわりには人も少なく、不思議な形の塔が建っていた（次頁上）。

その一画に、八大地獄と書かれた看板が出ている（次頁下）。これだろう、と矢印のほうへ歩いていった。

八大地獄はやや地中に潜ったようなところに入口があり、訪れる人も少ないのか、窓口には人影がなかった。呼び鈴を押すと、どこからともなく若い女性が現れて、地獄の電源を入れてくれた。このとき私は地獄も電気で動いていることを知った。内部の写真撮影は遠慮してくれと言われたので、ここからは写真なしでお送りする。

入ってさっそく閻魔《えんま》様の像に出迎えられたのは、地獄だから予想通りである。通路は奥へと続いており、薄暗い中からなにやらゴウゴウと炎の燃えるような音や、おどろおどろしい阿《あ》鼻叫喚《びきょうかん》が漏れ聞こえてくる。子どもならここで躊躇《ちゅうちょ》しただろうが、私は日本一の地獄ジオラマが早く見たくて、ずんずん奥に入っていった。

さっそく鬼に人間がすり潰されているジオラマが出てきて、おおおお、これはすごい。聞きしに勝る完成度であった。

こういう地獄をジオラマ化した見世物は、日本各地にそれとなく存在しているのだが、ふつうは鬼の人形などもユーモラスなキャラクターになっていたり、もしくはいかにも素人の手によるとおぼしい雑な人形だったりするものである。なかには半ば壊れたまま放置されてることもあったりする。

しかし、ここのジオラマは違った。

どこも壊れていないし、責め苦を負う人間たちの描写がリアル。

普通の地獄では、責められる人間の顔など、何か叫んでいる感じといった程度の作りこみでしかないのだが、ここはひとりひとりの表情が人間らしく、顔立ちもそれぞれ違って、ときどき自分の知り合いのような顔がいたりする。やられる側の真剣味が違うのだ。

生きたまま皮を剝《は》がれたり、串刺しで炎の中に突っ込まれたり、ケダモノに体を半分に食いちぎられたり、みんな酷い目に遭って怯《おび》えていた。

さすが怪人小嶋独観氏が絶賛するだけある。

等活《とうかつ》地獄、黒縄《こくじょう》地獄、衆合《しゅごう》地獄、叫喚地獄、大叫喚地獄、焦熱《しょうねつ》地獄、大焦熱地獄、阿鼻地獄、と八大地獄が次々に現れ、そこらじゅう血がドバドバ飛び散って、丁寧なことに、ジオラマの外、通路上にも赤い点々が滴《したた》り落ちているのが見受けられた。なんという丁寧な仕事だ。

「こういうの造る専門家がいるんでしょうね。考えてみれば、遊園地のお化け屋敷とかも誰かが造ってるわけだし」

「事業パンフ見てみたいですね。地獄ジオラマのご用命は○○工業へ、とか。八大地獄セットをご注文いただくと、今なら奪衣婆《だつえば》1体無料サービスとか言って」

「なんか、こんなによくできていると、かえって怖くないと思いません？」

テレメンテイコ女史が言って、言われてみればたしかにそうだった。

不思議なことに、あまりの凄惨さに荒《すさ》んだ気分になるかと思いきや、全然重たい気持ちにならない。よくできている分、その完成度に気をとられ、しみじみと眺めてしまうのだ。アミューズメントな味わいがあるので、場所に負のオーラも感じられない。ジオラマというのは雑でテキトーなもののほうがかえって不気味で、何か悪いものが取り憑いてそうな気がするものらしい。

「こういう場所って、普通は最後に一応塩を撒いとこうとかって思うじゃないですか。ここはそうはならなかったです」

そんなわけで日本随一の地獄ジオラマ、怖いけど怖くないので、一度見ておくことをおすすめする。

外国からやってきた観光客に「日本で地獄のジオラマ見たいけど、いいとこありますか」と聞かれたときにもここを紹介すれば喜ばれるだろう。

「そんなこと聞く外国人いねーよ」と思ったら、大間違いである。

私もよその国に行くと、「このへんに変なお寺があると聞いたんですが、どこですか」と通行人を捕まえて聞くことがよくある。このグローバル化した時代、どんな観光客がやってきてもおかしくないのだ。

さて、われわれはいよいよ徳島市内へ入った。

高知からはるばるここまでやってきたのは、徳島の伝統文化である人形浄瑠璃が見たかったからだ。

八犬士犬塚信乃

昔NHKの人形劇で「新八犬伝《しんはっけんでん》」を見たときから心惹かれていた。

あれは厳密には浄瑠璃の木偶《でく》人形ではなかったけれど、素人目には同じことだ。人間の芝居を見るより、人形劇のほうが簡単にその世界に没入できる気がした。

私にはどうやら仮面や人形に惹かれる癖があるらしい。高千穂《たかちほ》でも仮面に魅入ってしまったし、正観寺ではジオラマを見た。日本中の巨大仏を見て回って本を書いたこともある。人間そのものではなくヒトガタに目が行ってしまうのだ。

徳島の人形浄瑠璃は、県立の阿波十郎兵衛屋敷《あわじゅうろうべえやしき》でいつでも見ることができるが、本来は各地の農村で村人たちが小屋をかけ、人形座を組織して上演してきた。なので、まずは犬飼《いぬがい》にある農村舞台に行ってみた。

それは、こんもりとした森の中にひっそり建っていた。

外見はさして特徴のない小屋だが、内部は人形浄瑠璃や「襖からくり」用の仕掛けが施され、特別な構造になっている。

「襖からくり」とは耳慣れない言葉だけれど、何のことだろう。

案内してくれた地元ボランティアの方によれば、通常は背景として使われる襖絵を、舞台上で次々に見せていく見世物だそうである。最初の襖が開くとその奥に別の襖、それを開くとさらに別の襖というふうにして、合計42パターンもの襖絵が披露される。襖の紙芝居みたいなものだ。どんどん奥へ進んでいくわけだから、小屋にはそれだけの奥行きが備えられ、多くの襖を次々引いていくための仕掛けも施されている。

年に一度11月3日にだけ奉納されるということだが、どんなものか見たければ徳島市内にある阿波木偶《でこ》資料館で映像が見られる。

というわけで、今度は阿波木偶資料館に向かった。

郷土文化会館ビルの中にあって、入館無料。たくさんの木偶人形が展示されていて、そのなかで「襖からくり」を見た。

ボランティアの方が言った通り、襖しか出てこなかった。人間も人形も現れず、ひたすら襖、襖、そして襖。生まれてこのかた一度にこんなに襖ばかり見たことがあっただろうか。それでも襖絵はひとつひとつ違うし、開けば開くほど奥へ進み、最後はずっと奥の奥、秘められた江戸城大広間へと導かれるという仕掛けは、地味だけれど意外に面白かった。

農村舞台では、奥行きを感じさせるために奥へいくほど襖を小さくしてあって、ボランティアのおじさんも、子どもの頃に見たときは向こうの山まで続いているかと思ったほどだそうだ。

人形浄瑠璃の舞台でこんな珍妙な出し物をやっていたとはまったく知らなかった。同時に催される人形浄瑠璃よりも人気があるというから面白い。

「襖からくり」は、ある意味別世界を見せる仕掛けと言える。襖の奥の奥の奥には何があるのだろうという好奇心を刺激する見世物なのだ。芝居のようにストーリーによって感情を揺さぶるのではなく、もっと原始的な欲求を満たすわけである。

んんん、不思議なものを見た。

私はSFやファンタジー映画を観ると、物語よりもそこに出てくる異世界の風景に気を取られることがあって、ひょっとしたらこれは、まさに私が求めているものに近いのかもしれないと思えた。襖の絵は、波打つ海の風景や動物のほか、単調な紋様だったり、花の絵だったり、家紋が並んでいたりと、さほどワクワクするものではなかったけれど、ここにいろいろな異世界が描かれていたら、あるいはもっとハマったかもしれない。

このあと阿波十郎兵衛屋敷で人形浄瑠璃の公演を見る。

観光客向けの短い公演で、遠足の中学生も大勢で見ていたが、中学生が見ても面白くないだろうと思われた。若いときは伝統芸能などおおむね辛気臭く感じるものである。ただ、浄瑠璃のセリフ回しにはついマネしてみたくなる趣きがあり、一番印象に残ったのはそことテレメンテイコ女史と言いあった。裏声で、「おおおお、いたわしや」「ととさまや、かかさまに〜」とかやってみたい。

木偶人形、女の顔が鬼に変身

人形そのものがもっとじっくり見たかったので、隣の阿波木偶人形会館へ行ってみると、人形師のおじいさんが、われわれふたりのために、からくりの仕掛けを名調子で説明してくれた。あまりに調子がいいので、最後何か売りつけられるのではないかと警戒したが、そういうことはなかった。

おじいさんがテレメンテイコ女史を指しながら、「昔はかわいかったやろ」などと私に向かって目配せしたのは、夫婦と間違えてのことらしい。説明するのも面倒なので黙っていたが、ふとテレメンテイコ女史の昔の姿を想像してみると、まったく何も浮かんでこず、むしろ生まれたときからずっと同じ形だった可能性が感じられた。

「新八犬伝」を見て以来ずっと気にかかっていた人形浄瑠璃の人形をつぶさに見ることができ、日本一の地獄も見たし、高知のついでに徳島に来たのは正解だった。

ところで話は変わるが、犬飼の農村舞台のそばで変なものを見たので最後に紹介しておきたい。

道端に木彫りの像がいくつも並んでいた。

坂本龍馬だ。そう書いてある。

それはいいんだが、これは誰だろうか。

たぶん有名人を彫ったのだろうが、正体は不明。後ろに誰か隠れているようにも見える。

そして一番わからないのがこれ。

こんな得体の知れない人形を路上に並べて何を訴えたいのか謎であるが、何もないよりあったほうがいいと思うので、グッジョブと言っておきたい。

都会

1 スカスカした都会を楽しむには

先日、海に行こうと息子を誘ったら、海とか山には行きたくないと言われ絶句した。子どものくせに海山がいやとはどういうことか。ではどこに行きたいのか、と聞けば、「みなとみらいみたいなところ」という。横浜のみなとみらい21のことらしい。

何をふぬけたことを、と思ったものの、考えてみると、私も好きだ。

未来的で清潔感がある都会。

悪くない。

再開発でピカピカになった都心のショッピングモールなんて味気ない、下町や路地裏にこそ真の味わいがあるという人もいるが、私はショッピングモールのほうが断然好きである。

なぜなら、広々しているから。

サラリーマン時代、中央線の阿佐ヶ谷に長く住んでいて、都心に近く通勤時間が短い点は気に入っていたが、海や山は遠いし、空が狭くて辟易《へきえき》した。下町じゃなくても、住宅密集地はどこも苦手だ（迷路のように道が入り組んでいる場合は面白い）。

好きなのは、大自然、もしくは清潔で広々した都会、その中間としてのニュータウン、そういう風景である。味気なかろうが、人情がなかろうが、とにかく空間はスカスカしていてほしい。

その意味では、都心の再開発地区は広いテラスがあったり天井の高い吹き抜けがあったり、比較的空間がスカスカしている。人出が多いときはうんざりだけども、多くなければ、息苦しくなくて好きだ。

そんなわけで今回は、スカスカした都会に行くことにした。

スカスカした都会といえば、どこだろうか。東京には再開発でスカスカになった場所がたくさんある。

たとえば、私はかつて山手線の新橋駅の近くにある会社に勤めていたことがあって、もう20年以上も昔のことだけれども、その新橋のすぐ隣に汐留《しおどめ》シオサイトがある。

一度仕事で行って、そのあたりを歩いたが、ごちゃごちゃと古ぼけた新橋駅付近から突然新しいスカスカな一帯に紛れ込んだので驚いた。通路も広く歩きやすく、店に並ぶ商品も華やかで、何より新しいスポットは清潔感があってよかった。

あそこに行ってみることにする。

私が通っていた頃は、汐留はまだ再開発前で、ゆりかもめ（新交通システム）なんてものもなく、あたりは広大なゴビ砂漠のような何かだった。当時から再開発の噂はあったものの、そんなのは遠い先のことだと思っていたら、あっという間に出来上がった。時代の変化は速い。

ＪＲ新橋駅に降りたってみると、相変わらず駅周辺は落ち着かなかった。昔ここで働いてたんだなあ、という感傷はちっとも湧いてこない。懐かしい場所には、嫌な思い出もセピア調に美しく見せてしまう魔法がかかっているものだが、なぜか新橋にはかかっておらず、たたくすんでいた。20年もたっているのに、さっきまでここで働いていたような気分だ。

足早に古い地下街を通り抜け、汐留の再開発地区に入って、ようやくホッとした。この余裕のある空間の使いっぷり。私はやはりスカスカした都会がいい。

で、ホッとしたところで、どんな施設があるのかよく知らないので、まずは案内板を見て確認する。

………。

もう一度確認。

………。

来たはいいけど何もすることがないのが、スカスカした都会の現実なのだった。

普通こういう場所でやることといえば、美術館や博物館、映画館、劇場などがあればそこに寄り、あとはカフェでランチといった感じか。

それでも悪くはないが、それだけだと十二分に満喫できてないというか、もっと何かありそうなのにそれを体験できていない物足りなさを感じる。

だからといって高級なレストランに入って高級料理などを食べても、とくに面白くない。そんなのは金出しておいしいもの食ったというだけの話で、このスカスカした都会の味わいを堪能したとは言えない。もっと広々とした、寛いだ感覚を味わってこそのスカスカ都会、略してスカトカイだ。

実は、そんなことだろうと思って今回はあらかじめ手を打ってある。

ホテルのマッサージ・スパを予約しておいた。

「どうして、スパなんです？」

私がこのアイデアを打診した際、テレメンテイコ女史にそう聞かれたが、それにはこう答えた。

なかなか心の底からリラックスする機会のないビジネス街で、体ごとふにゃふにゃになる。それこそがもっとも一般の都会生活に欠けていることであると。

そしてそれは昔、新橋で働いていたときには実現できなかったことでもあって、セレブになった今の私にふさわしい楽しみ方ではないだろうか。

「いつからセレブになったんです？」

「セレブというか、まあ、心のセレブですね」

「なんですかそれ。セレブと何が違うんです？」

「微妙なニュアンスの違いですよ。言ってみれば限りなくセレブに近いというか、セレブ予備軍というか、友だち以上セレブ未満というか……」

「自分で言ってて悲しくないですか」

とにかくだ。今回は某高級ホテルのマッサージ・スパ、ボディトリートメント60分コースに申し込んであるのだった。

再開発地区を歩きながら、ここに予約があるということだけで、自分がずいぶんリラックスしているのが感じられる。少なくとも私はこの場所に用事がある。追い返される筋合いはないのだ。

って、なぜかアウェー・モードだけれども、根はセレブで間違いないので、だんだんシンクロしてくるはずである。

とにかく今日の私は普段とは違う。なにしろ、予約が入っているのだ。

そうして某高級ホテルの前まで歩いていったのだが、30分も早く着いてしまって手持ち無沙汰であった。本来はもう少し散策してからと思ったのだが、とくに立ち寄る場所もなかった。

それにしても、今回スパを予約したホテルは、表示もあまり目立たず、玄関のドアはこげ茶色かつ重厚で何の飾りもなく、ドアを見ただけではホテルだかオフィスだか判然としない。むしろ監獄といってもあり得そうな拒絶的な雰囲気が醸し出されて、予約のない客、冷やかしの客は一切受け付けないという強い思いが感じられた。

こういう扉の奥に踏み込んでこそ、真に都会を楽しんでいると言えるのだ。もちろん私は予約があるから大丈夫。お客様クーポンもプリントアウトしてきた。

やることがないので、しばらくドアを観察した。出入りする人はほとんどいなかった。本当にホテルなのだろうか。自動ドアをためしに踏んでみると、さっと開いて中からスーツの男性が駆け寄ってきた。

やや腰をかがめ気味に、何か用か、という表情なので、思わず、

「あ、あの、なんか、スパに来たんですけど」

と、とっさに答えた私だ。なんかスパに来たってどういうことだろうか。

「それでしたら、いったんエレベーターでロビーにお上がりいただき、さらに乗り換えて29階でございます」

まだ時間まで30分もあるのだが、敵のすばやい攻撃にこちらも迎え撃たざるを得なくなった。もはや後戻りのできる状況ではないので、エレベーターに乗り込む。

ためしに自動ドアを踏んでみただけなのに、いきなりセレブが始まってしまった。チノパンにジョギングシューズでよかったのだろうか。いや、問題は外見ではなく心だから大丈夫だろう。普段着のTシャツでなく、ポロシャツで来たのは、我ながらグッジョブだった。こんなこともあろうかと、持っているなかで一番高価なブルックスブラザーズのを着てきたのだ。

エレベーターがロビー階に到着すると、入れ替わりで若い30代ぐらいのカップルが乗ってどこかへ出かけていった。とくに派手でもなく、普通の格好で、動きは自然だった。

そこで私もなめらかにロビーに躍り出たところ、ロビー自体はさほど広くなく、片隅で時間をつぶそうと思っていたのに、どこにいても誰かが近寄ってきそうで、死角がなかった。

ラウンジに入ってもよかったが、あいにくパソコンも本も持ってきていない。コーヒーを前にひとり憮然と座って宙をにらんでいるのもどうかと思い、ここはトイレに入っていったん態勢を整えることにする。

トイレに入ると、内部はシックで薄暗く、個室に入ると便器が光り出したから驚いた。便器内部が光って、アンドロメダみたいになっている。もし誰かのうんこが残っていたら、小惑星みたいだったろう。あんまり見たくない小惑星である。

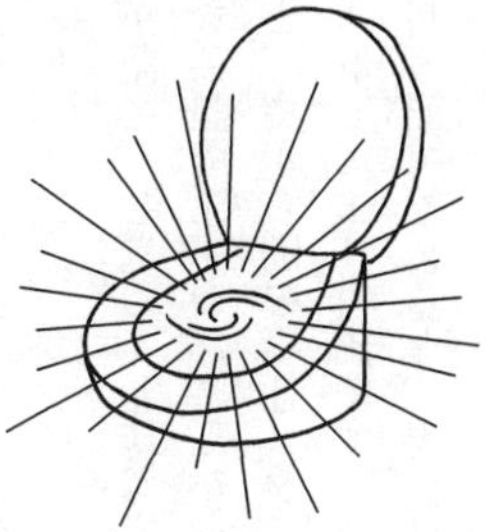

しかし、うんこしたいわけでもないのに、なぜトイレで息を潜めなきゃいけないのか。授業サボってる高校生か。

ノックはされなかったが、赤い表示を見て誰かが外で我慢しているかもしれないので、しばらくすると外に出て、ロビーを1周歩いてから戻ってきた。そしてしばし潜伏して、また1周。

そうやってトイレとロビーを3周したあたりでちょうど予約時間となり、私はエレベーターに乗って、さらなる奥へと侵入したのだった。

2　心理面でセレブ

所定のフロアで降り、スパへ向かう。

フロントには女性がいて、男性客と何か話をしていた。その女性が、一瞬私に向かって手を挙げ、むにゃむにゃと何か言った。

英語だった。

英語で、しばらくお待ちくださいと言ったわけだが、なぜ英語なのか。エグゼクティブはみな英語で話すのだろうか。

と、奥から別の男性スタッフが現れ、また私に向かって英語で何か言ったのである。

「予約してます宮田です」

日本語で答えると、男性は、はっ、という顔になって「失礼しました」と言った。

ん？

ということは私を外国から来たセレブと間違えたか。

思わず、

「どこの国の人だと思いましたか？」

と尋ねてみたが、男性スタッフはにこやかに笑っただけでとくに返事はなかった。

ロッカールームに案内され、マッサージの前にサウナとジャクジーに入れるというので、まずはジャクジーに入ることにする。

ロッカールームは、よくあるフィットネスジムやスーパー銭湯と同じような構造だったが、清潔さがまったく違った。床がちっとも濡れていないし、髪の毛一本落ちていない。そのうえ、客は5、6人しかおらず、半分は西洋人だ。

目の前で着替えているのも西洋人で、いきなり西洋人のお尻を見せられるのはなんだか珍しい気分であった。西洋人は小さなタオルでちんちん隠して浴室に入っていった。西洋人、ちんちん隠して尻隠さず。何が言いたいのか自分でもわからないが、そういうことを言ってみたくなるところが西洋人である。

他にはガウンを着て長椅子に寝そべり、音

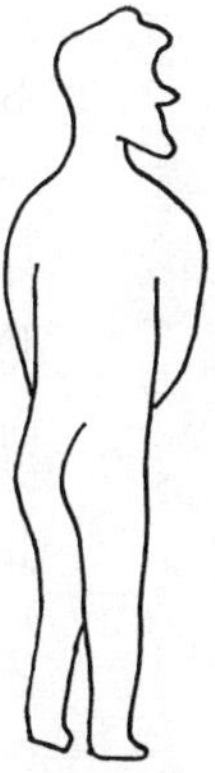
西洋人

楽を聴いている日本人の若い男性がいた。おそらく20代だろう。20代でこんなところに入り込んでいるとは、これぞセレブというやつか。もちろん私もセレブであるから、とくに問題はなかった。違うのはこの男性は産業面でのセレブであり、私は心理面でのセレブということだけである。

ジャクジーは狭く、ひとり用の浴槽が4つ。そこには誰も入っておらず、サウナのほうにふたり、シャワーを浴びているのがひとりいるぐらいで、そんなに多くの利用者があるわけではないようだ。

ジャクジーに入って、ジェット噴射にしてみたが、もともと風呂嫌いなので、5分もすると飽きた。その後サウナに移行したものの、そういえばサウナも嫌いだった。それでさっさとあがって、長椅子でリラックスすることにした。

長椅子の横には英語の雑誌がこれみよがしに置かれ利用者を威嚇していたが、そういうものを手にとって必死で読んでみせるのは、一見馴染《なじ》んでいるようで逆に敵の術中にハマっているわけなので、ここは読めるけど興味ないという態度でいなすのが正解だ。

長椅子の20代産業セレブは、相変わらず目をつぶり耳にイヤホンを突っ込んで動かない。さっきから30分以上動いていないところに、大物ぶりが感じられる。磯のヒトデやウニでももう少し動きそうなものだ。

それにしても、時おりやってくる利用者がどういうわけかみな若いのに驚く。30代か、最高でも40代だろう。西洋人も若い。私がこの近所で働いていた若い頃は、高級ホテルのジャクジーやサウナなんぞに出かけたことなどなかった。いったいどうすれば、若いうちからこんなところに通えるのだろう。私なんかいい歳になっても今回1回きりだぞ。

どうもサウナとジャクジーでは馴染んだ感じがしないので、バスローブを着て、本題であるマッサージへ向かうことにする。

バスローブでよかった。自前のジャージだったら、いかに心理的セレブとはいえ、うかうかこんな場所を歩けなかったろう。あとは顔で弾かれないよう、表情をさりげなく高級な感じに調整しつつ、スタッフの指示に従ってマッサージルームへ潜入した。

マッサージルームは昔住んでいた阿佐ヶ谷の1Kマンションぐらいの広さで、大きな窓があって、汐留再開発地区の高層ビル群が見下ろせた。

おお、スカスカした都会が私の下に跪《ひざまず》いている！　跪いてないかもしれないけど、ここぞとばかり上から目線でビジネス街を見下ろしておく。悪くない気分だ。

ウニ

イスに座り、最初にオイルの香りを選ぶように言われ、3つのなかから一番匂いの薄いやつを選んだ。そうして顔のところが穴になったベッドにうつ伏せになると、一気に緊張がほぐれてきた。普段、金がないとか貧乏だとか嘆いていても、心理的にはセレブだからこういう場所が似合うのだ。

「ガチガチですね」

女性セラピストが、私の背中を触るなり言った。

もちろんそれは緊張のせいではなく、普段から硬いのである。

「鉄板みたいに硬いです。こんなに凝ってる人は珍しいですよ」

「そうなんです。だからもうぐいぐいやってください」

さらにセラピストは、私の頭を揉みながら、頭皮まで硬いと言う。

頭皮？

頭皮ってふつうみんな硬いんじゃないの？　それともセレブは頭皮軟らかいのか。それセレブじゃなくてタコかマンジュウヒトデだろ、と思ったもののそこまでは言わず、

「西洋人は肩凝りがないって聞いたことがあるんですけど、本当ですか」

と、前々から気になっていた件を質問した。

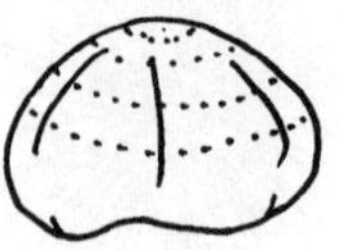

「そうですね。凝っておられる方は少ないように思います」

本当だったのか。

「なぜ日本人ばかり凝るんでしょうか」

「どうしてなんでしょう、西洋の方は結構ジムで鍛えておられるせいですかね」

そうセラピストは言うのだったが、西洋人はそんなにみんながみんなジムで鍛えているだろうか。そうは思えない。

「私みたいなのはいませんか」

「ここまで硬い方は、日本人でもそうおられません」

たまに行く近所の整体でもそう言われる。冗談ぬきに深刻なのである。きっとセレブだからストレスの多い毎日なのだ。

施術が始まると、セラピストは女性とはいえさすがにプロなだけあって、強い力で背中や腰をぐいぐい押してくれた。

痛てて、痛てて。

とか言いながら、気がつけば、もうちょっと上、ああ、そこですそこ、って超リラックス。そうそう、こういう気分になりたかったのだ。

1時間のマッサージを終える頃には、十分にほぐされて大満足。その後、大きな長椅子のある別室に通され、すぐにお茶とスイーツが出てきたところなど、さすが高級ホテルのスパである。

これですべてのコースは終了したのであとは好きな時間までここで休んでいってください、とセラピストは言った。

よきかな、よきかな。

ほぐれた体でゆったりと長椅子にくつろぎながら、今回の短い旅を反芻《はんすう》した。

今回わかったことがあるとすれば、それはやはり私がセレブであったということだ。なぜなら、これほどの高級スパにあっても、臆することなく、ごく自然に振る舞えているからである。肌が合うというのだろうか。

思えばサラリーマンだった当時から、机に向かって書類を作ったり、営業で外回りに出かけたりするより、寝そべってマッサージを受ける仕事のほうが自分に向いていると思っていた。

まさに今、適材適所という感じがする。このまま心ゆくまで寛ごう。

と思ったのだが、スタッフもいなくなり、たったひとり残された部屋で、スイーツを一口で食べ、お茶もすぐに飲み干してしまうと、あとはもうやることがなくなった。スイーツ小さすぎるのではないか。15秒ぐらいで食ってしまったぞ。

こういうときセレブは何をするのか。英語の雑誌を読むのかな。ジャクジーの更衣室で見た20代の男は音楽を聴いていたな。残念ながら音楽持ってきてない。スマホも持ってない。んんん、手持ち無沙汰。もう帰りたい。

でも用が済んだら即帰るというのも、場馴れしていない感丸出しなので、そのまま5分我慢して、セレブ感を熟成した。

そうして満を持してロッカーに戻ると、チノパンとジョギングシューズをはいて、すたすた家に帰ったのである。

あとがき

廣済堂よみものWebで性懲《しょうこ》りもなく連載を続けている『日本全国津々うりゃうりゃ』シリーズもこの本で3作目となった（その後文庫化、2作目は『そこらじゅうにて』〈幻冬舎文庫〉とタイトルを変えている）。

3作目といっても、内容は1作目からとくに進化しておらず、中身も冷酷無比な編集者テレメンテイコ女史とテキトーに旅しているばかりで、ほとんど前後のつながりはないから、読者なる皆様には、どれから読んでいただいてもいっこうに差し支えありません。

連載開始当初は、できれば全都道府県制覇を目指そうと思っていたが、実際にはそのとき直感的に行きたいと思った場所へ出かけることが多く、そういう場合は都道府県がどこだろうと関係ないから、全国制覇するメドはちっとも立っていない。たぶんいつまでたっても全国制覇しないだろう。

そして、例によってあとがきで補足しておきたいこともとくにない。

なのでさっさとあとがきを終わりたいが、文字数が足りないとテレメンテイコ女史に怒られるから、穴埋めにグラフでも書こうと思う。

次の図は、仕事に対する私のやる気の時間変化を表したものである（グラフ1）。

横軸に1日の時間経過、縦軸にやる気度数をとり、やる気度数は10が最大である。

これを見ると、やる気が時間とともに大きく変動するナーバスな生きものであることがわかる。

計算上、この曲線とX軸に囲まれた面積が、私の1日のやる気の総量ということになり、その量たるや通常は相当なものになると予測できるが、これにテレメンテイコ女史の厳しい目線、叱咤《しった》、叱責《しっせき》などを表すテレメン係数αを掛けると、曲線は次のようになる（グラフ2）。

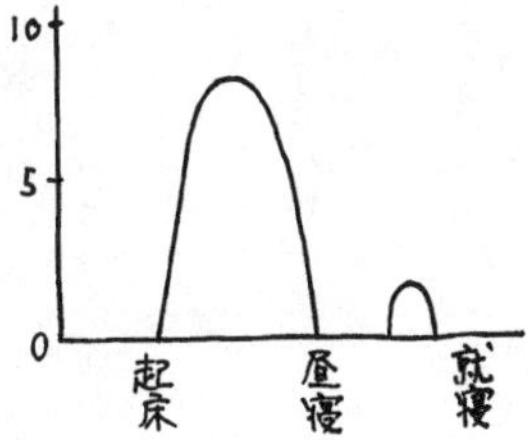

グラフ 1

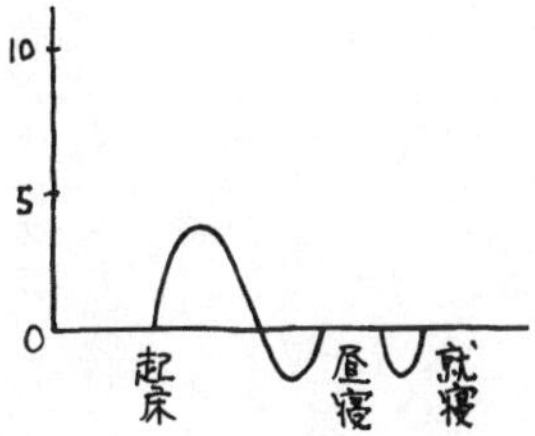

グラフ 2

この第2のグラフは、テレメンテイコ女史の介入によりやる気総面積が減少し、その総量がマイナスに転落する可能性さえあることを示唆している。

今後は、いかにこのαの値を抑えていくかが、日本経済回復への重要な鍵となるが、仮にαの改善が見込まれない場合でも、臨時ボーナスβ、高級リゾートにおける滞在日数γなどを加算し、グラフ全体の底上げを図っていくことも同時に考えておくべき喫緊《きっきん》の課題であろう。

宮田珠己

2015年夏

文庫版あとがき

この本が単行本で出版されたのが6年前で、そのときはまさか将来こんなに旅ができない時代が来るとは、想像もしていなかったのである。

まずは言いたい。

新型コロナめ、ふざけんな!

現在の私はといえば、ほとんど近所のスーパーと散歩以外出かけないゾンビのような生活をしている。ゾンビが散歩するのかどうか知らんが、とにかく毎日どこか歩いている。

いつも同じコースでは面白くないので、毎回知らない道へ進んでみたりしているうちになんだかんだで家の近所は歩き尽くし、最近はちょっとだけバスや電車を利用して少し遠いところを散歩したりするようにもなった。われながら徐々に旅行に近づけていこうという下心が感じられる。

でもやっぱり違うのだ。家から遠く離れた見知らぬ土地を旅したいのだ。

今自分でこの本を読むと、まあアホなことしか書いていないが、いろんなところに行っていて当時の自分がうらやましい。

自由に旅ができた当時でも、あちこち行きたくてうずうずしていたのに、こうなってくるとうずうずどころではないのであった。

もしこのまま死ぬ直前まで緊急事態宣言が続いて、死ぬ間際になって最後1ヶ所だけ好きなところに行けることになったら、どこに行くだろうか。

親の墓参りとか故郷を一目見てから死にたいとか、そんなしおらしいことはもちろん言うわけないのであって、やっぱりどーんと南の海かな。死ぬ間際だろうがなんだろうがサンゴ礁の海でどかどか泳いで海の生き物を見られるだけ見て死にたい。昔、過呼吸になって救急車で運ばれたことがあって、体内の酸素濃度が高すぎる、息を吸うな、と言われたとき、今こそ素潜りすれば長時間潜れるのではないかと思った。

いかん、なんだその話は。新型コロナの影響で負の方向に流されている。最後1ヶ所だけとか言うのがいけない。

このあとがきが読まれる頃には、自由自在に旅ができるようになっていてほしい。そして1ヶ所どころか何ヶ所も何十ヶ所もこれから旅したいので、世界中のホテル旅館飲食運輸観光業関連のみなさんが、この苦境を無事乗り切ってくれることを願っている。

というかそれ以上にまずさっぱり取材旅行に行けなくなった己の生活が心配なので、あとがきだけ読んでみている人は、ぜひそのままこの本を買って、いつか行くであろう旅先に思いを馳せてもらいたい。

本書を文庫化するにあたり幻冬舎文庫の袖山さんには毎度のことながら大変お世話になり感謝の言葉もありません。テレメンテイコ女史こと廣済堂出版の川﨑さんにも大変お世話になったうえ、このあと解説を書いてくださるそうなので恐怖で言葉が出ません、じゃなかった、感謝の言葉もありません。ほんとです。

宮田珠己

2021年夏

解説

川崎優子

こんにちは、テレメンテイコです。宮田さんの「日本全国津々うりゃうりゃ」シリーズに漏れなく登場し、鬼のごとく冷酷無比に描かれている担当編集者です。このたび、こうして文庫解説の場をいただくことになり、恐縮しつつも、本来心優しい私がかくも冷酷無比にならざるを得ない内情、すなわち「こんなテレメンテイコに誰がした」の真相を、ぜひこのチャンスに読者の皆さまに知っていただくべく、少し書いてみたいと思います。

さて、本書初回の旅のテーマが流氷ウォークに決まり、ツアー予約などの準備を進めていたある日のことです。宮田さんからメールが届きました。

「少し離れてますが、紋別の海中展望塔に行ってみたいです」

海中展望塔では、流氷を下から見られるとか。たしかに面白そうです。しかし、紋別まで行ってこれるかどうかが問題です。

1日目は網走の砕氷船、2日目はウトロの流氷ウォークをすでに予約していましたから、足を延ばすとしたら3日目、帰路に就く前のタイミングしかありません。3日目は、網走から女満別空港行きリムジンバスに乗る予定でしたから、網走から紋別までの距離を、さっそくグーグルマップで調べてみました。

結果は、距離で102キロ。車で約2時間。往復すると4時間。北海道全体が大きいので、北海道の地図で見るとうっかり近そうに見えるのですが、実際は、東京―熱海間とほぼ同じ。

うーん、「ちょっと寄り道」の距離じゃないな。でも、流氷の上を歩いた翌日に、下から流氷を見上げるという展開は捨てがたい。

そこで、3日目を丸々使えばなんとかなるかも……と思い直し、今度は乗り継ぎを調べます。本書の取材では、宮田さんがレンタカーを運転することもあったのですが、3月頭の北海道、しかも流氷押し寄せるオホーツク海沿いを走るのは危険すぎるので、車は却下。

グーグル先生によると、おすすめの経路は内陸を大回りする遠軽経由で、片道3時間以上。電車やバスの本数が少なく、接続が悪いこともあって、海中展望塔には30分も滞在できません。海岸沿いを行く直通バスもあったのですが、私たちの出発予定日のちょうど前日で、今シーズンの運行は終わっていました……。

もちろんもう1泊すれば行けます。あるいはタクシーを使うとか。格安フリーツアーなんか利用せず、帰路をオホーツク紋別空港発にするといった手もなくはありません。

でも、本書を含む「日本全国津々うりゃうりゃ」シリーズのやりくりは、常にカツカツ。ビンボーな私たちに北海道3泊などという贅沢はとうていできない相談でした。

1冊あたりの予算は決まっていたので、旅に出る回数を増やそうとすると、1回あたりの日数はよほどのことがないかぎり、1泊か2泊に抑えなければなりません。そんな懐事情にもかかわらず、北海道という遠方への旅を企画できたのは、流氷ウォークの格安フリーツアーが見つかったからこそだったのです。これ以上は、懐が許さず、残念ですが、紋別行きはあきらめました。

断じて、私が釣りをしたかったためではありません。

――こういった「裏事情」が、この一冊だけでも山ほどあります。

が、こんなことでムチャブリをやめる宮田さんではありません。

思い返せば、宮崎の旅もそうでした。

高千穂峡のボートと神楽を軸に旅程を組むことは、早々に決まっていたのですが、宮崎空港（県南・太平洋側・つまり九州の東端）から、高千穂（県北・山奥・つまり九州の内陸、というかほぼ中央!?）までは、同じ宮崎県内でも、電車とバスで3時間半もかかります。

地図を見て、高千穂にはむしろ熊本空港（九州の西側、つまり宮崎空港の反対側）のほうが近いことに気づき、熊本空港発着の格安フリーツアーを探し始めた、まさにそのときです。

宮田さんからメールが入りました。

「宮崎県の希望スポットですが、優先順に並べますと、

1　高千穂峡でボートに乗る・高千穂神楽を見る・天岩戸神社

2　高鍋大師

3　鵜戸神宮

4　クルスの海

です」

「1　高千穂」は宮崎県北部の内陸側なので、熊本空港から直行でＯＫ。

「4　クルスの海」は宮崎県北部の海側なので、高千穂から無理なく足を延ばせる（ちなみに、宮崎空港よりだいぶ北！）。

「2　高鍋大師」は宮崎県中央部なので、まあ、大丈夫でしょう（ちなみに、宮崎空港よりだいぶ北！）。

しかし「3　鵜戸神宮」は宮崎県南部で、宮崎空港よりだいぶ南。

ふうん、南にも行きたいんだ……えっ、南？

もう一度言うと、熊本空港は九州の西側で、宮崎空港は東端、しかも熊本空港よりだいぶ南です。つまり、ものすごく離れているのです。取材日前後には宮田さんに別の予定が入っていて、夜神楽の開催日も決まっていることから、予算さえあれば解決するというわけでもありません。

「熊本空港に着き↓ぐるっとまわって↓熊本空港から帰る」のプランはもはや無理。頭を抱えましたが、旅行サイトをさんざん検索しまくって、「熊本空港に着き↓ぐるっとまわって↓宮崎空港から帰る」というプランをやっと見つけ出しました。

本書ではさらりと「熊本空港から来るテレメンテイコ女史と合流」的に書かれていますが、ここまで苦心惨憺《さんたん》して旅程を組んでいたわけです。にもかかわらず、当日、宮田さんがまさかの遅刻。飲まなきゃやってられません！

有名観光地をひたすらまわるタイプのバスツアーなら、2～3日で県内を縦横無尽どころか複数の県をめぐるものも珍しくありませんが、私たちの旅は、たいてい公共交通機関頼み。

そんな中でも、旅にはゆったり過ごす時間の余裕も必要だというのが、私の考えです。

しかし、宮田さんの好奇心はそうは動きません。目的地の距離感など、いつだってお構いなしです。


うりゃうりゃ旅の旅程を組む流れを、たいへん地味ではありますが、ご説明しましょう。

まず宮田さんが希望する目的地と、東京からアクセスしやすい飛行場や新幹線の駅を、グーグルマップ上にプロットします。そして、近い点を結んでいきます。レンタカー利用の場合はわりと単純なのですが、電車やバスを使う場合は、直通ルートがなかったり、本数が限られていてちょうどいい時間帯に便がなかったりで、ああでもないこうでもないと試行錯誤を繰り返すこともしばしば、というか、それが普通です。

また、格安フリーツアーでは利用できる宿が限られていて、あまり辺鄙《へんぴ》な町には泊まれません。そもそも面倒くさがりの宮田さんは、風呂に入るのに自室からわざわざ出ないといけない鄙《ひな》びた民宿より、ビジネスホテルを好みます。ですから、ちょうど夕方に、全国チェーンのビジネスホテルがあるようなそれなりの規模の町までたどり着くよう、旅程を調整する必要もありました。

そこまでしても、当日になってから目的地でもっと時間をかけたくなったり、途中で面白そうな場所を見つけて寄り道したくなったりするかもしれません。そんなとき、テレメンテイコとしては、その場でフレキシブルに動けるよう、次の便や次の次の便を利用するパターンもなるべくシミュレーションしておきたい。

幸運にも私は時刻表好きなので、こうした作業そのものはさして苦にならないのですが、そこそこ手間はかかり、わが人生においてもっとも大切だと言っても過言ではない晩酌の時間がけっこう削られたのは事実です。

残酷なことに、プランがほぼ出来上がってから、宮田さんが別の目的地を思いつくこともありました。

「立山黒部アルペンルート」では、トレッキングがメインでしたが、タイプの異なるさまざまな乗り物にも乗りたいというので、2日目には宇奈月温泉方面まで足を延ばして黒部峡谷鉄道のトロッコ電車に乗り、3日目には欅平《けやきだいら》周辺をトレッキングする、というプランを立ててました。黒部峡谷鉄道の終電が早いので、2日目の宿泊地に頭を悩ませつつも、そのプランをメールで送ると、

「〝自然〟ばかり続くので、宇奈月温泉方面には行かず、ほたるいかミュージアムと魚津埋没林博物館に行きたいです」

という返事……。2日目後半以降のプランはすべて練り直しとなりました。またしても、大切な晩酌の時間が削られる羽目に……。

それどころか、出発後にプランが大変更になったこともあります。本書ではなく、次作に当たる『私なりに絶景』の「四国横断」でのこと。そのときのテーマは、そもそも「四国横断」ではなく、「四国山地に点在する〝天空の村〟」でした。

ところが、最終日3日目の朝8時半、四国のほぼ真ん中に位置する早明浦《さめうら》ダムのほとりの宿で、朝食中に宮田さんがこう言いだしたのです。

「佐田岬灯台まで行くと、四国横断になって面白いと思いませんか」

佐田岬灯台……。この旅は徳島（四国の東端）から出発していましたので、たしかに西の端にある佐田岬まで行けば、四国横断になります。

しかし、佐田岬灯台が、どこにあるかご存じでしょうか？　四国の西の端――どころか、西の端っこからさらに細く&長く西に向かって飛び出た半島の先、西も西。四国のほぼ真ん中にある早明浦ダムから佐田岬灯台までは、距離にして200キロ以上。当初から予定していた目的地も、まだ2カ所残っています。この旅はレンタカーで動いていましたから乗り継ぎは心配しなくてよかったのですが、飛行機は、松山空港発19時半。果たして間に合うのか。

その上、じつはこの旅の最中、宮田さんは腰を痛めていました。初日に病院に駆け込んで痛み止めをもらい、やっと乗りきったほどのひどい症状です。長時間の移動でこれ以上容態が悪化してはたいへん。私は30年来の完全ペーパードライバーなので、万一険しい山道で宮田さんが突然運転もできない状態になったら、万事休すです。そのため、最終日は大事をとって早めに日程を切り上げよう、空港に近い道後温泉でゆっくりしていただければ、取材にもなるし、うまくいけば腰もラクになって一石二鳥かもしれない……などと、私は考えていました。

「宮田さん、腰のほうは大丈夫ですか？　調べてみるまでもなく、佐田岬灯台まではかなり長時間のドライブになりそうですけど」

「たぶん大丈夫ですよ。何か動作を始めようとするときが一番痛むので、運転席にずっと座ってるなら平気じゃないかな。もともと運転は苦にならないし」

はぁ？　腰を痛める前ですら「もういい歳《とし》なんだから、あまり長時間の運転は、勘弁してほしい」と文句を垂れていたのは、どこのどなたさまでしたっけ？

佐田岬灯台にもうすっかり心を奪われている宮田さんの「大丈夫」を、鵜呑みにするのは危険です。それに、そもそも飛行機の時間に間に合うはずがないだろうと、私は思っていました。そうだ！　グーグル先生から「時間的に絶対無理」とのご託宣が下されれば、さすがの宮田さんも考え直すはず。

「じゃあ一応、ルート検索してみますね」

ところが……。結果は、私の予想に反するものでした。移動に所要7時間、目的地での取材時間を加えても、計算上は松山空港にギリギリたどり着けることが判明。グーグル先生、こんなときぐらい気を利かせてくれたっていいのに……。

宮田さんへの説得工作失敗。こうして地獄の綱渡り佐田岬灯台ロードが始まりました。

この道中ほど、ドキドキしたことはありません。宮田さんが「うっ」とか「あ」とかうめき声を漏らすたび、どんなに肝を冷やしたことか。

下調べが不十分なので、道にも迷います。レンタカーのナビだけでは不安で、私はスマホの地図とずっとにらめっこしていたため、ひどい車酔いにも悩まされました。佐田岬灯台に到着したときにはもうヘロヘロで、途中の景色など、「ああ、海が見えてるみたいだなあ」とうっすら認識するのが精いっぱい。いっぽうの宮田さんは、

「素晴らしい見晴らしの尾根道でしたね。気持ちよくドライブできて、腰もなんだかラクになってきました」

と、疲れも見せずゴキゲンです。

それはようござんしたね。佐田岬灯台ロードは、宮田さんの腰には優しくても、私の三半

規管には拷問でしたよ。この取材を完遂させる上ではもちろん、宮田さんの回復が喜ばしいのですが、なんだか悔しい……。

しかも、最後には、空港近くで夕方の渋滞にはまりかけました。私が青くなっていると、飛行機嫌いの宮田さんは勝ち誇ったように言うのです。

「だから飛行機なんて止《や》めたほうがいいんですよ」

そう……この日、飛行機を予約していたのは私だけで、宮田さんは、翌日の電車で帰る予定でした。

結局、19時前には空港にたどり着けたのですが、着くなり空港内のお寿司屋さんにひとり飛び込んで、搭乗案内までの15分間、地魚で一杯ひっかけたのは言うまでもありません。

そんなジタバタこんなヤキモキがあっても、それをエッセイで面白く語ってもらえれば、疲れも吹き飛びます。

ところが、宮崎の鵜戸神宮のそっけない扱いは、本書でご覧のとおり。しかもこの旅では、私の失敗談ばかりがフィーチャーされ、奮闘努力についてはまったく書かれていません。

四国横断の佐田岬灯台ロードも、十数行にわたってふれられてこそいるものの、ひたすら地図と地形の話のみ。道中の私のハラハラドキドキが、わずかな片鱗も残さずあっさりと切り捨てられている様は、『私なりに絶景』をぜひ一度お読みになってお確かめいただきたいものです。

ほかにも私が苦心惨憺し、限られた時間をやりくりして足を運んだ場所はいくつもあったのに、え？　書かれてない？　行ったのに一行も？　一行どころか一文字も!?　という言葉を何度飲み込んだことか。行っただけで〝成仏〟してしまった場所も数え切れません。

宮田さんとの旅の特徴としてぜひともお伝えしておきたいことが、目的地での滞在時間がどこでもとても短い、ということです。

旅といえば、たまたま出会った方とおしゃべりしてひとしきり盛り上がったり、景色のいいところでまったりお茶をしたり、という展開を思い浮かべる方も多いと思いますが、「うりゃうりゃ」の旅にそうした要素はございません。

到着したら、見たいものを見て、ハイ次！　です。次作『私なりに絶景』で、鹿児島の石造仁王を訪ねたときなど、１カ所の平均滞在時間はわずか5分。スタンプラリーかよ!?　と、唖然としました。

ミッションが終わってから移動するならまだしも、南紀白浜では、この旅最大の目的だった粘菌がまだ見つかっていないのに、蚊の大群を目にした途端、そそくさと退散。飽きっぽいにもほどがあります。

その上、道中もひたすら「少しでも多くの場所をまわりたい」「どう書くか」「もっと面白いものがないか」の話ばかりで、まるで移動企画会議。

いまだに不思議なのは、次の旅先について話しているときは元気いっぱいなのに、私が原稿締切という言葉を発すると必ず、急に耳が遠くなること。あれはいったい何だったのでしょうか？

道中のそれ以外の会話で覚えているのは、午後になるといつも「ああ、眠い」「あのフワフワの苔の上に横になりたい」などとぼやかれたことぐらいです。宮田さんのふだんの日課には昼寝が組み込まれているそうで、15時頃になると睡魔が襲ってくるのだとか。

言葉で眠気を訴えるばかりか、実際に眠ってしまったこともあります。取材が予定より早めに終わり、空港近くで2時間も余裕ができたときのこと、宮田さんが「駐車場で寝ていたい」と言い出し、寝入ってしまったのです。手持ち無沙汰になった私はひとり、周辺の観光施設をうろうろして暇をつぶしました。宮田さんがアクティブになるのは、あくまでも自分が興味を抱くものに対してのみ。それ以外では、面倒くささと眠気が何よりも優先するのです。

命より大事な晩酌の時間を削りに削って旅程を組んだ身としては、もやもやした気持ちがまったくなかったといえばウソになります。もうちょっとのんびり旅を楽しまなきゃダメなんじゃないか、一見ピンとこない場所にもふらっと立ち寄ってみるような浮気心がないから、旅エッセイを面白く盛り上げるハプニングにも恵まれないのではないかとさえ、内心思っていました。

ところが、連載が終わり、1冊にまとまったとき、私は自分の不明を恥じました。たとえば、立山黒部アルペンルートは、たしかにあれ以上トレッキングの話が続いても単調になるだけです。宮崎の旅も、高鍋大師のファンキーな姿を怒濤のごとく畳みかけた直後にあっさり終わっているからこそ、南国の明るさが強く心に残ります。次作に収録されている四国横断だって、地図の現場に足を運ぶことによって地形が立体的に見えてくる面白さを鮮やかに描き出すためには、途中のハプニングなど余計でしょう。そのほか本シリーズで割愛されてしまった多くの場所も、仮にふれていたところで、単に冗長になってしまったにちがいありません。割愛、万歳！

宮田さんは、ある土地にどっぷり浸り、そこでのふれ合いを通じた自分自身の変容に価値をおくような「旅人」ではなく、そうしたハプニングをさらすタイプのエッセイストでもありません。それよりも、自らのアンテナが捉えた面白い獲物を遠路厭《いと》わずに追いかけて仕留め、その極上の部位だけを選び抜いておいしい一皿に仕立てるハンター兼料理人なのです。

紋別、ムリしてでももう1泊して、行ってみるべきだったかな。テレメンテイコ、まだまだ精進が必要です。

――テレメンテイコ（廣済堂出版　編集者）

写真提供（P220）：岡本明才
本文デザイン：金子哲郎

この作品は二〇一五年十月廣済堂出版より刊行されたものです。

日本全国津々《にほんぜんこくつつ》うりゃうりゃ　仕事逃亡編《しごととうぼうへん》

宮田珠己《みやたたまき》

令和3年8月5日　初版発行

発行人——石原正康
編集人——高部真人
発行所——株式会社幻冬舎
〒151-0051東京都渋谷区千駄ヶ谷4-9-7
電話　03(5411)6222(営業)
03(5411)6211(編集)
振替00120-8-767643

印刷・製本—中央精版印刷株式会社

装丁者——高橋雅之

検印廃止
万一、落丁乱丁のある場合は送料小社負担で
お取替致します。小社宛にお送り下さい。

定価はカバーに表示してあります。

幻冬舎文庫

ISBN978-4-344-43118-8　C0195　み-10-10

幻冬舎ホームページアドレス　https://www.gentosha.co.jp/
この本に関するご意見・ご感想をメールでお寄せいただく場合は、
comment@gentosha.co.jpまで。